झील के उस पार

(कविता-संग्रह)

वाणी प्रकाशन ग्रुप

भारतीय ज्ञानपीठ

वाणी प्रकाशन : भारतीय ज्ञानपीठ की पुस्तकों के एकमात्र प्रकाशक एवं वितरक

झील के उस पार

मुहम्मद नसीरूद्दीन

वाणी प्रकाशन ग्रुप
भारतीय ज्ञानपीठ
वाणी प्रकाशन : भारतीय ज्ञानपीठ की पुस्तकों के एकमात्र प्रकाशक एवं वितरक

लोकोदय ग्रन्थमाला : ग्रन्थांक 1525

सजिल्द पहला संस्करण : 2022
सजिल्द दूसरा संस्करण : 2022
सजिल्द तीसरा संस्करण : 2025

वाणी प्रकाशन ग्रुप | भारतीय ज्ञानपीठ

वाणी प्रकाशन : भारतीय ज्ञानपीठ की पुस्तकों के एकमात्र प्रकाशक एवं वितरक

वाणी प्रकाशन

4695, 21-ए, दरियागंज, नयी दिल्ली-110 002
दूरभाष : 011-23273167, 23275710
ईमेल : sales@vaniprakashan.in
www.vaniprakashan.com

ISBN : 978-93-7112-234-4

मूल्य : ₹ 550

झील के उस पार
(कविता-संग्रह)
मुहम्मद नसीरूद्दीन

JHEEL KE US PAAR
(Poetry Collection)
by Mohammad Naseeruddin

मुद्रक : आर. टेक ऑफ़सेट प्रिंटर्स, दिल्ली-110 032

ममताओं से भरी माता जी व
स्व.पिताजी को समर्पित
जिन्होंने मुझे जीवन देकर
अक्षरों से सँवारा है
मानव सम्बन्धों के प्रति
मुझमें प्रेम जगाया है

मेरी बात

कवि को सामाजिक समस्याओं को लेकर जागरूक होनी चाहिए। कवि सामाजिक पीढ़ा को अपनी पीढ़ा समझकर चेतना के द्वार पर खड़ा होनी चाहिए। आज देश महामारी की त्रासदी से गुज़र रहा है। यह महामारी इस सदी की भयंकर त्रासदी बन खड़ी है। हमें इस पर जीत हासिल करनी है। समाज में करुणा, प्रेम की आवश्यकता है। क्योंकि वैश्वीकरण में मनुष्य करुणा और प्रेम से दूर होता जा रहा है। आज वस्तु की भाषा चल रही है। देश में 'माल्स' की संस्कृति बढ़ गई।

कवि भाषा की समस्याओं और संस्कृतिक विशिष्टताओं पर आकलन कर अपनी चिंता प्रकट करनी होगी। जैसे संस्कृति निरंतर विकसित होती है। वैश्वीकरण में भाषा का अर्थ भी बदल जाता है। समयानुकूल भाषा में भावनाओं की शैली बदलती है। इसे पहचान कर कवि निरंतर अपनी दृष्टि से जागरूक होनी चाहिए।

सांस्कृतिक प्रदूषण के इस दौर में, मनुष्य के हित से मानवतावाद अंधेरी गुफाओं में बंद हो चादर ओढ़ा हुआ है। कवि तलाशना है अपनी सृजना में, मानवतावाद पर ओढ़ी हुई चादर को हटाना है। समाज में मनुष्यों के बीच प्रेम और मानवतावाद को जाग उठाना है। कवि, साहित्यकार अपना कर्तव्य निभाकर नए आयामों की सृष्टि करनी है। हाँ, कष्ट तो होगा ही, पर निराश तो नहीं होंगे। अपने प्रयास से संध्या में डूबते हुए सूरज को नया जीवन देकर सूर्योदय में देख सकते हैं।

कवि अपनी भावनाओं को छोड़कर कहीं दूर नहीं भाग सकता। उसको यहीं जीना है, इसी संसार में। समाज में छाए हुए अंधेरे को मिटाने अपनी कलम को ऊष्मा देना है। चाहे वे लोग अभिव्यक्ति की आजादी को कुचलने का प्रयास क्यों ना करे। नए समाज के निर्माण में कवि अपना पूरा योगदान

देनी चाहिए। सीमाओं में बंद हुए हाथों के जंजीरों को तोड़कर अपनी आभव्यांक्त व्यक्त करनी चाहिए। आज मुँह पर प्लास्टिक की मुस्कुराहटें लगा कर मनुष्य घूम रहा है। मनुष्य-मनुष्य के बीच प्रेम बिखर गया है। बिखरे हुए प्रेम को पटरी पर ले आना है। इसके लिए कवि और साहित्यकार अपनी सृजन को उस ओर दौड़ाना है।

कविताओं की संवेदना प्रेम को लेकर होनी चाहिए। मानव को उत्कृष्ट जीवन देने वाला एक प्रेम ही तो है। कविता प्रेम की पुजारी है। वह प्रेम के सागर में प्रवेश होती है, मानव संबंधों को सशक्त बनाती है। प्रेम को आधार शिला बनाकर मैंने अनेक कविताओं का सृजन क्यिा है।

मुझे बचपन से 'सिनेमा' का व्यसन था। यही मुझे साहित्य-साधना का रास्ता तय किया। और इसी से प्रेरणा पाकर मैं साहित्य लेखन आरंभ किया। मेरा यह सौभाग्य रहा है कि, कालांतर में एक साहित्यकार बनने में यहाँ के साहित्य संस्थाओं का योगदान मिला। पुस्तकालय से मैं बहुत सीख लिया है। लेखन के लिए मैं विस्तृत पुस्तकों का अध्ययन किया, और कर रहा हूँ। मेरी इस कविता संग्रह में 84 कविताएं हैं। प्रिय पाठकों से मेरा निवेदन है कि इस कविता संग्रह को पढ़कर, अपना मूल्यवान सुझाव दें। मैं आभारी रहूँगा। मेरी ओर से एक विनती है कि, मैंने किसी को सुझाव देने का योग्य नहीं हूँ। हालात देख भाव प्रकट किया। अगर किसी के हृदय को ठेस पहुँचा तो, मैं क्षमा माँगता हूँ।

—मुहम्मद नसीरुद्दीन

अनुक्रम

कवि

कवि तुम शांति से कलम उठाते हो
पर कलम तुम्हारे विचारों में
सच्चाई की ज्वाला भरता है
उत्पीड़ितों की भावनाओं को
उठाता है प्रतिकात्मकता के शब्दों से
बेरहम मानव पर प्रश्नचिह्न बनता है

कवि तुम शब्दों में
फूलों जैसे अक्षरों को भरते हो
वे शब्द भाषा की चेतना पर
संवेदना के सूत्र बन जाते हैं
क्योंकि तुम मूकदर्शक नहीं हो
शोषण की अमानवीयता को
प्रश्नों से उलझाते हो

कवि तुम दूरदर्शी हो
राजनीतिक षड्यंत्रों को
समय की ठौर पर जगाते हो
मनुष्य विरोधी शक्तियों का
पर्दा ऐसे उठाते हो
जैसे धरती फाड़ कर बीज
अंकुर बन उठते हैं

कवि तुम्हारे कलम की धार से
ऐसी कविता बन जाती है
जैसे ज़ख्मों की चादर पहने हुए
अनेक अक्षर प्रश्न बन खड़े होते हैं
भीतरी शब्द मौन के पहाड़ का
चीरहरण कर, ऊषोदय की
किरण बन जाते हैं

कवि तुम चेतना के सागर पर
आत्मा की पुकार बनते हो
समाज में व्याप्त विषमताओं पर
अपनी कलम से, अक्षरों की वर्षा से
धोने की प्रयास में उठ खड़े होते हैं
तुम्हारे शब्द और तुम्हारे भाव

कवि तुम्हारा जीवंत हृदय
जीती-जागती कविता है
सूर्य का संकल्प है
समाज का अटूट दर्पण है
उसमें फूलों जैसे अक्षरों की उत्पत्ति
ज्वालामुखी की तरह फट कर होती है।

कविता बनकर

प्रभात किरणों की रोशनी लेकर
तुम आ जाते हो कविता बनकर
मन में ऊँचे सपनों को लेकर
सारे जग को जगाते हो
कविता बनकर

तुम्हारी प्रेम की भावनाओं में
इधर मनुष्य भी जाग उठते हैं
उधर पक्षियों का कलरव भी
जाग उठता है आकाश की ओर

तुम भाषा में प्रेम बहाते हो
हर शब्द में कितने संदेश देते हो
यह तो वही जानते हैं
जो कविता से प्रेम करते हैं

तुम कोयल का गीत बन कर
मोर के पंखों में नाचते हो
शीत लहर की कविता बन कर
ओस के बिन्दुओं में चमकते हो

तुम्हारी कविता की
दर्द भरी भावना से

पत्थर भी आंसू बहाते हैं
इंसानी संवेदनाओं से
अभिभूत हो कर
तुम संघर्ष की नई कविता बनते हो

अक्षरों की फसल से
किसानी का नया रूप धारण करते हो
शब्दों की पंखुड़ियां खोलकर
कविता के अनेक
दृश्य बन जाते हो

वर्षा की बूंद-बूंद में
सपनों की स्वासें भरते हो
बसंत के फागुन में
प्रकृति के स्वर बनते हो

समय की आँख से
कवि की प्रेरणा बनते हो
भावनाओं की चादर ओढ़ कर
आ जाते हो कविता बनकर

साँझ के साथी

हे साँझ के साथी
थोड़ा मुस्कुरालो हृदय में
आनंद की लहरों को भरलो आँखों में
तुमने कैसे-कैसे सपने देखे थे
आशा के आकाश में झूमे थे

आज साँझ के समय में
हम सब मिलकर
एक नया गीत गाएंगे
तुम भी अपना गीत गा लेना
आनंद के सागर को छू लेना

हे साँझ के साथी हम सब
आकाश के नीचे बैठ जाएंगे
चाँद की चाँदनी में नहाते जाएंगे
तब हमारे मन से सपने झरने लगेंगे
वे शब्द बन कर सारे आकाश में फैल जाएंगे

तुम उन शब्दों को ग्रहण कर लो
उस के अर्थों को समझ पालो
क्योंकि वे शब्द ही भाषा पर खड़े हैं
तुम उन भाषा के भावों को समझ लो

जीवन के सुख दुःख ही
उन भावों में ठहरे हैं
वे समस्या के दर्पण में खड़े हैं
तुम उन समस्याओं से भरी भावनाओं को
मन में उतार लो
फिर उन पर तुम एक गीत गालेना

हे साँझ के साथी
यहाँ मासूमियत के फूल खिले हैं
उन पर राजनीति के चेहरे चढ़ गये हैं
वे भावनाओं को दबाए रखे हैं
तुम उनकी भावनाओं को
अपने संगीत में भर लेना

आज हम सब मिलकर सागर को जगा देंगे
बंद मुट्ठी में टहरे भावनाओं को बहा देंगे
उलझे हुए मन को शांति के फूल पहना देंगे
फिर एक नया इतिहास रच देंगे

पतझड़ के गीत

वसंत के इन दिनों
धूप के सागर में
तुम नहालो चाँदनी–सा
फिर मुस्कुरा लो
पवन के झोंकों से।

वह संध्या की शाम
तुम्हें पुकार रही है
आओ इस आकाश
की लालीमा में
खो जाएं एक प्रेमी
की तरह उस पर
कविता बन कर,
नई भावनाओं को
जन्म देंगे।

तुम्हें देख कर
सागर तट की ओर दौड़ रहा है
जहाँ मुसाफिर खड़े हैं
नंगे पैरों को भिगोते हुए,
फिर डूबते सूर्य को देख रहे हैं
जैसा कि लाल बादल सागर में
विलीन हो अपना एक

परछाई छोड़ रहा है

संध्या की शाम का वह युगल
गीत धीरे-धीरे हर मन के
दरवाजे खोल रहा है
फिर वासंती के
सौंदर्यात्मक भावनाओं में
बादल बन कर उमड़ रहा है।

तुम 'पतझड़ के गीत' बन जाओ
तब नए अंकुर फूटेंगे
वे प्रेम की कविता बनकर
धरती पर पसर जाएंगे
जैसा चाँद अपनी चाँदनी से
रोशन होता है।

झील के उस पार

झील के उस पार
तुम बैठी ही रहना
सुंदर दृश्यों के बीच
तुम मुस्कुराती ही रहना

अपने मन को खोल देता हूँ
सारे झील को समेट लेता हूँ
तुम भी चली आ जाना
मेरे मन के भीतर ठहर जाना

एक नया आकाश खुला है
तुम्हारे और मेरे बीच के रास्ते को
छोटा बनाने की कवायद रखता है
प्रेम से भरपूर ओस के बिन्दुओं से
हमारा आह्वान करता है

तुम तुरन्त चली आ जाना
सागर हमारे आने की प्रतीक्षा कर रहा है
तट पर बार–बार अपनी लपेटों से
दर्शकों के पैरों को भिगो दे रहा है

झील के उस पार कुछ अद्भुत दृश्य बने हैं
उन दृश्यों को मन में बिठा लेना

उन्हें भी साथ ले आना

सवेरे के सूर्य किरण
उस झील पर गिरने से
एक सौंदर्यात्मक दृश्य बन जाता है
उस दृश्य को सपनों के
मेघों पर बिठा लेना

तब मेरा मन विभोर हो
आत्मा का सागर बन जाता है
शीतल हवाओं में वैभव के गीत
मन के भीतर से निकल आते हैं

तुम उन गीतों पर
प्रेम के पंखुड़ियों को छोडना
झील की उस पार बैठी ही रहना
मैं समेट लूँगा हृदय के भीतर
तुम मुस्कुराती चली आना
फिर एक नया गीत गा लेना

सशक्त नारी

जीवन से जुड़े हर निर्णय को
तुम्ही को स्वयं लेना है
नए सूर्य किरणों को
दहलीज़ पर खड़ा करना है
समय के प्रवाह में
सशक्त बन कर दौडना है

इस पुरुष प्रधान समाज को
नारी प्रधान समाज बनाने में
तुम अग्नि के हर रेखा
को पार कर
सहजता के साथ
आगे निकलना है
तब तुम्हारे जीवन में
दीपक की लौ जलेगी

तुम किसी की कठपुतली नहीं
नारी संस्करणों से परी हो
अनंतकाल से आज तक
हर शोषण को सहली हो
इतिहास के पन्नों पर
अनेक बलिदानों को रची हो

आज समय तुम्हें पुकार रहा है
सशक्तिकरण के आँचल थामने को
करुणा के सागर में
लहरों की हुंकार बन्ने को
खुद को अर्पित कर
नयी ज़मीन को साधने को
समाज से जुड़े अनेक
पहलुओं को पार कर
नए आकाश की रचना
करने को

ममता की परछाई में
मुस्कुराता तुम्हारा हृदय
नए तरंगों की सृंखला में
आगे निकल रहा है
हर ऊँचाई को छूने को
प्रतिबद्ध हो रहा है

तुम नारी हो
सशक्त नारी हो
आत्मनिर्भरता से
नए इतिहास को रच रही हो

नारी उत्पीड़न

उत्पीड़न की देह से
अनेक शब्द निकलते हैं
त्याग देने वालों का आकाश
निरंतर सिकुड़ता ही जाता है
ना फूलों में खुशबू
जीवन में कोई रस
उसकी आत्मा की धरती
दल दली बनती जाएगी

नारी के सपने
उसका आकाश
युगों से सदियों से
मानसिकता के अभाव में
संघर्ष करता ही रहा
उसके आँखों के सामने
जो भविष्य पडा है, वह
समय की शिला पर
सुंदर सपने खोजता ही रहा

ऊँचाइयों को छूने के सपने
अहंकार की ज्वाला में अस्तित्व खोते हैं
सीमाएँ दीवार बन मुस्कुराते हैं

धरती की धडकन
अंतरात्मा में खोने लगती है

तुम देखना चाहते हो, तो अंधेरी रात में
एक रोशनी का टुकड़ा
उसके चेहरे पर लगा कर देखो
तुम्हें दिखाई देगा कि
उसकी मुस्कुराहटें उत्पीड़न की भावना में
कैसे जल रही हैं

उसकी देह से निकली खुशबू का
आनंद लेना चाहता हैं पुरुष
कभी उसके आत्मा की गहराइयों को
छूकर नहीं देखा वह कितने संघर्षों से
भावनाओं के आंचल पर खडी है

नारी को अनेक रूपों में
आराधना करने वाले ही
घर–गृहस्थी के मायाजाल में
उसके सपनों को शब्दहीन बनाते हैं
स्वार्थ के अनेक रंगों को
आस्था की दहलीज पर खडा करते हैं

रूढ़िवादी समाज का ताना–बाना और
दहेज का प्रताडना 'समानता' के शब्दों को
अंकुश के जंजीरों में बांधता है
फिर उस नारी की आजादी को
उत्पीड़न की ज्वाला में ढकेलता है

तुमने ध्वस्त किया है

तुमने ध्वस्त किया है
उसके जीवन की आशाओं को
तुमने आग दे दिया है
मुस्कुराते चेहरे की हँसी को

तुम होते कौन हो... ?
किसी के जीवन-सार को
भौतिक रूप से नष्ट करने वाले
क्या वह तुम्हारी माँ जैसी नहीं ?

जो कृत्य तुमने किया है
वह कभी क्षमा के योग्य नहीं
यह घिनौनी हरकतें
तुम्हें बार-बार दस्तक देगी
फांसी की रस्सी के साथ

किसी के भविष्य को ध्वस्त करना
अपराध के कटघरे में खड़ा करता है
प्रश्नों को उलझाता है, कि
तुम्हारी इन्सानियत कहां छूट गयी ?

जब तुम अत्याचार करते रहे
वह मासूम जीवन कितना तड़पा होगा
उसके भविष्य आशाएँ ध्वस्त होने लगे
उत्पीड़न की आवाज़ से
यह धरती कितना दहकने लगी होगी ?

माँ, जब तुम मुस्कुराती हो

माँ, जब तुम मुस्कुराती हो
मेरा हृदय सागर बन जाता है
फिर अपने लहरों से
आकाश के पन्नों पर
आनन्द के अक्षर लिखता है

माँ तुम्हारी ममताओं से भरी
एक नज़र मुझ पर जब गिरती है
तब मेरे शरीर के कण-कण में
ऊर्जा का सैलाब उठता है
मैं शक्तिशाली बन जाता हूँ
हर समस्या से झेलने लगता हूँ

माँ तुमने जीवन के हर समय को
ममता की परछाईयों से बाँटा है
कभी अपने भीतर झाँका नहीं
कि तुमने क्या पाया है?

माँ तुम्हारे ममत्व में
अमृत का अंबर छिपा है
समय का सच यही है कि
तुमने अमृत को अपनों
के लिए बाँटा है

हर पल तुम्हें मिलता है
निराश का कड़वा घूंट
कुण्ठाओं से भरा प्रेम
संवेदनाओं से भरा भविष्य

बदले हुए जीवन परिवेश में
माँ, मैं तुम्हें क्या दे सकता हूँ?
सारी धरती को समेट कर
तुम्हारे खदमों में रखूँगा
तब भी उसमें बहुत कमी ही रहेगी

माँ तुम्हें देखने से
मेरा नया जन्म होता है हर समय
धरती पर खडा मैं विचारता हूँ कि
यह धरती नहीं स्वर्ग ही है मेरे लिए
क्योंकि माँ.., जब तुम मुस्कुराती हो

रिश्तों की चादर

रिश्तों की चादर
जितनी फैलती रहेगी
उतना मिठास संबंधों में भर जाएगा

हाँ तुम ! अपने स्वार्थ को
रेखांकित कर सीमित रखोगे
तब एक नया आकाश खुलेगा
जिस को हर कोई चाहता है

तुम अपने शब्दों में
फूलों की महक से भर दो
भाषा का परिवर्तन होगा
तब तो जीवन में
नयी कान्ति के किरण उत्पन्न होंगे

निश्चित रूप से तुम्हारा वर्तमान खिल उठेगा
भविष्य की नदियां प्रेम से भर जायेंगी
वर्ना तुम्हारा आकाश मौन हो
अभिशप्त रह जाएगा

बदलती भावनाओं को लेकर
तुम अपनी कलाकृतियों से
उत्तेजना की धूप दोगे

हर मन में शीतल प्रेम की वर्षा होगी
तुम अपनी अभिव्यक्तियों को
भावनाओं के दर्पण में खड़ा करोगे
तब नया संघर्ष जन्म लेगा
और वह मानवता के हृदय पर
घातक बनेगा

विश्वास से भरे आकाश को
मन के सुनहरी पंखों पर खड़ा करोगे
तब प्रेम से भरी नदी मुस्कुराएगी
और रिश्तों की चादर फैलेगी

प्रेम से भरी नदी

मेरे भीतर एक नदी बहती है
रेतीले कणों पर से नहीं
हृदय में टहरे अक्षरों पर से
वे अक्षर भीगी हुई बरसात की तरह
मेरे हृदय में नये-नये शब्दों को जन्म देते हैं

हर जन्मे हुए शब्द
अपना आकार लेते हैं पृथ्वी पर
एक सँजी-धजी सुंदर वधु की तरह
उसमें विवेक से भरी आकाँक्षाएँ ठहरी हैं
जो जीवन को अमृतमय बना देती हैं

तुम उस पर एक आशा की किरण छोड़ो
वह सपनों से भरी रहेगी
जैसे बहती नदी में जल होता है

उन अक्षरों में आलोचना की आग भी ठहरी है
वह हर समय निष्ठुर होते मानवतावाद पर
अपनी आलोचना से भर देती है
सवेरे के फूलों पर ओस के बिन्दुओं की तरह

तुम अपनी विवेचना को बदलो
फूलों से नहीं, पत्थरों से नहीं

मन में बैठे विचारों से
क्यों कि वे ही तो शब्दों में तूफान ले आते हैं
कहीं वह तूफान तुम्हारे आँगन पर न ठहरे

टूटे हुए बन्धन, टूटे हुए सितारों की तरह
धरती पर आ गिरते हैं और भस्म होते हैं
तुम अपने अक्षरों को फूलों की माला बना कर
शब्दों में अमृत भर कर, उन पर चढ़ा दो

जहाँ सम्बन्धों में आघात आया है
वहाँ मरहम पट्टी बन कर प्रेम उभरेगा
तब मेरे और तुम्हारे भीतर एक नदी बहेगी
वह जल से भरी नहीं
प्रेम से भरी नदी होगी

चिड़िया

आज एक चिड़िया
मेरे घर के आँगन में आई
वह पेड़ को तलाश रही थी
कल तक वहाँ एक पेड़ था

उस चिड़िया की आँखों में
एक उदासी छा गई
मैं ने देखा उसकी उदासी को
मुझे लगा
वह समय की शिला पर
दु:खी खड़ी है

वह आवाज़ कर रही थी चीं..चीं..
पर उस के कंठ से
जो आवाज़ निकली
उसमें संवेदनशीलता भरी हुई थी
स्थायी उदासी ठहरी हुई थी

उसके मन की भावनाएँ सिकुड़ गई थीं
उसके पंख क्षितिज पर फड़फड़ाने लगे
वह धूप के सागर में डूबी मौन देख रही थी
सामने खड़ा मैं उसका दोषी बन गया

बिखर गया उस चिड़िया का घोंसला
कल तक वह उस पेड़ पर आराम कर रही थी
आज सन्नाटा छाया है उस घोंसले की जगह
वह तलाशने लगी अपने घोंसले को
वैराग्य भरी दृष्टि से

यह सब कुछ देख
मेरी आँखे निस्तेज हो गयीं
मेरा मन घायल हुआ
मैंने निर्णय लिया
एक और पेड़ लगाऊँगा
फिर कभी उसे नहीं काटूँगा
समर्पित कर दूँगा
उस चिड़िया को।

पंछी का मन

एक पंछी ने दूसरे पंछी से कहा
मत जाओ उधर इंसान बौखला गया है
हमारे मानस पर
शिखर का अंबर चढ़ा दिया है
अनंत आकाश पर वैभव का उत्सव बनाने में
वह प्रेम के पंखुरियों को काट रहा है
शीतल पहाडों के झरनों को
हला-हल के कंठों में दबोच कर
उसका अस्तित्व मिटाने में जुटा है

हमारे दामन पर लिखे गये वनों को
अधनंगे-भूखों की तरह निगल रहा है
तुम उसके परिवेश से दूर रहा करो
क्योंकि उसके हाथ ग्रीन हाउस में डूबे हैं
वहाँ ज़हरीला गैस हवा में घूम रहा है
हमारे अस्तित्व पर भारी पड़ गया है

अब यहाँ धरती का आँगन
क्षितिज में फीका पडने लगा
सूरज की भनकती आग को देख
आकाश में बादल मुँह छिपाने में
झिझकते नही हैं
प्रकृति के हनन से पशु-पक्षियों में

निराशा के बादल छाये हुए हैं

यहाँ कुछ इन्सान उत्कृष्ट ज्ञान प्राप्त कर
नयी दुनिया की खोज में लग गये हैं
क्योंकि उन्हें पता है
एक दिन धरती ध्वस्थ हो जाएगी
मनुष्य क्षितिज के आकाश पर खड़ा होकर
आभाओं से जूझने लगेगा
इसलिये तुम वहाँ मत जाया करो
क्योंकि आज का इन्सान–इन्सान ना रहा

वृक्ष ही पक्षी की भावना है

क्षितिज के आकाश पर
खडा है पक्षियों का एक झुंड
सागर की हवाओं के साथ
वह चल रहा है धरती के आँगन

वृक्षों ने बयाँ किया,
तुम हमारे अतीत की भावना हो
शताब्दियों की परछाई हो
मन के आँचल पर खड़े
प्रेम की भाषा हो

पक्षियों ने कहा,
हम और तुम एक समय के
साक्षीभूत संसकार हैं
तुम्हारे अंकुर फूटते हैं
इस तरह कि हम आकाश में उड़ते हैं
तुम्हारे विशाल हृदय पर
हम बैठते हैं
फुसफुसाते हैं
जैसे कि दो प्रेमियों के बीच
प्रेम भावना उभरती है

वे हैं, पक्षियों और वृक्षों के बीच का

जन्म-जन्म का सम्बन्ध
ना टूटने वाला अविरल प्रेम
वृक्ष ही पक्षी की भावना है
पक्षी ही वृक्ष की भावना है
ना तोड़ो इन दोनों की भावना को
ना बुझाओ इनकी प्रेम भावना को

क्या वसंत आ गया है ?

कप–कपाते जाड़ों में कहीं आभास होने लगा
ओढ़ी हुयी चादरें अपने आप पीछे हटने लगीं
सीलिंग के पंखों में जान आने लगी
तो मुझे लगा वसंत आ ही गया

खुले आकाश में हवाएँ उड़ने लगी
वे सीधे फूलों के बगीचों में लहराने लगे
वहीं फूल मुस्कुराते खिल उठने लगे
मुझे लगा वसंत आ ही गया

प्रभात के किरणों में हल्की सी गर्मी
सवेरे के शीतल हवाओं से टकराने लगी
ओस के बिन्दुओं में कमी आने लगी
तो मुझे लगा वसंत आ ही गया

सवेरे–सवेरे पंछियों का कलवार
खुले आकाश में उड़ने लगा
कोयल के कंठ से मधुर–गीत निकलने लगे
तब मैं समझ पाया के वसंत आ ही गया

उफन्ती नदियां शांत होने लगीं
ठंडी–ठंडी पवनें पहाड़ियों से टकराने लगीं
मधु के छत्तों पर मधुकर झूमने लगे

तो मुझे अहसास हुआ वसंत आ ही गया

सुन्दरात्मक भावनाएं उमड़ने लगीं
आलिंगनों के प्रेम में खोने लगे
प्रकृति के पावन मुस्कुराने लगे
तब मुझे लगा वसंत आ ही गया।

वह गुनगुनी धूप

वह गुनगुनी धूप
सवेरे-सवेरे मेरी त्वचा को छू लेती है
फिर मेरे हृदय के भीतर पहुँचकर
मचलाती है मेरे भावनाओं को

मैं देख रहा हूँ सवेरे के सूर्य की ओर
जहाँ से वह निकलता है लाल गुब्बारा
उसी में से गुनगुनी धूप निकलती है
और पसर जाती है सारी धरती पर

शीत ऋतु के आगमन से वह धूप
उल्लास और शाँति से
फूलों के बहारों पर लहराती है
अपने शब्दों से, अपने गीतों से

जब ठंडी-ठंडी पवन के झोंके
फूलों के वनों पर से चलते हैं
तब वहाँ एक सुन्दर दृश्य बन जाता
फिर प्रकृति के प्रेम में विलीन हो जाता

मैं उस प्रेम को पाने के लिए
निकल पड़ता हूँ उन वनों की ओर
जहाँ प्रकृति प्रेम की पंखुड़ियाँ खोली हैं

वहीं पक्षियों का कलवर गीत गा रहा है

जब एकान्त सागर की लहरों पर
गुनगुनी धूप पड़ती है
तब वे लहरें उन्मत्त भावनाओं में खोकर
प्रेम की भाषा में शब्द करते हैं

गुनगुनी धूप
मेरे हृदय के अंतरमन को
उजागर करती है नये-नये शब्दों के साथ
और सपनों के साथ
मैं उन शब्दों में, सपनों में समा जाता हूँ
फिर गुनगुना लेता हूँ उस धूप के साथ

मौसम

अब मौसम बदलने लगा
भावनाओं में उत्तेजना के फूल खिलने लगे
आनंद और उल्लास के हवाएं चलने लगे
आकाश में बादलों के झुंड
धरती को घेरने लगे

कहीं बारिश तो, कहीं धूप
गरम-थंडे का यह मौसम
'कोरोना' के भय को दूर कर
अवश्य शाँति को ले आएगा

यह बरसात का मौसम
किसानों के हृदय में
आशाओं के दीप जलाएगा
पर, 'कोरोना' का यह 'काल'
कहीं उनके आशाओं पर पानी ना फेरे
उनकी मिट्टी की सुगंध को ना छीने

'कोरोना' के इस 'काल' में
भय से भरे अंतर मन को
सावन के 'फूल' रक्षा बन कर
बिखरने से बचा लेगा

आत्मनिर्भर होकर
नई दिशा का निर्माण करेंगे

अब आया है बरसात का मौसम
थम जाएगा 'कोरोना' का प्रकोप
नए सिरे से प्रकृति खिल उठेगी
आँखों में टहरी बेबसी को दूर करेगी
हमें मुस्कुराना सिखाएगी
तब हमारे जीवन में आनंद की वर्षा होगी।

सवेरे की मुस्कुराहटें

सवेरे–सवेरे जब मैं घर से निकलता हूँ
एक उम्मीद की किरण जाग
उठती है मेरे हृदय में
वह आशाओं की रेखाओं पर से चलती है
फिर मेरे भीतर तक पहुँचकर
नया दृश्य बन जाती है प्रेम भरे आकाश की

जब मैं हृदय के भीतर
आशाओं को समेट लेता हूँ
आकाश मुझको मुस्कुराता दिखाई देता है
तब मेरे जीवन में नए प्रकाश का
आरम्भ होता है

वह चिड़िया की चहचहाहट
उन पेड़ों पर लहराते पक्षियों का झुंड
वह कोयल की आवाज
वह प्राकृतिक सुंदर दृश्य
मेरे हृदय को आनंद के सागर से भर देता है

मैं जीवन को धन्य समझता हूँ
हर आने वाले कष्टों से लड़ने की साहस
मेरे शरीर और आत्मा में समा जाती है
और मैं भविष्य से समझौता कर लेता हूँ

जब मैं सागर की ओर उन्मुक्त होता हूँ
तो देखता हूँ, सागर घावों की मरम्मत कर रहा है
जिन्दा शिल्पों में ठहरे अनेक घाव
भय के दहलीज पर जीवन की
आशा खोज रहे हैं
बादलों में से नए शब्द
बूंद-बूंद बन कर बरस रहे हैं

मैं उन घावों को भूलना चाहता हूँ
धरती पर से उन्हें मिटाना चाहता हूँ
काली हवाओं को भगाना चाहता हूँ
प्रेम भरे शब्दों से
नए आकाश को जन्म देकर

तुम घबराओ मत
अब नए आकाश का आविष्कार हुआ है
अनेक रास्ते खुल जाएंगे
प्रभात किरणों से भर जाएंगे
'सवेरे के मुस्कुराहटें' फिर लौट आएंगे

मेरी सृजन चेतना

मेरी सृजन चेतन में
दुख के आंसू बहते हैं
जो मैं हृदय से आहट हो जाता हूँ
फिर उसके कारण को ढूंढ लेता हूँ
तब मुझे एक आशा की किरण मिलती है
अस्वस्थ से स्वस्थ हो जाता हूँ
और उन दृश्यों का सृजन करता हूँ
जो आत्मपीड़न की अग्नि में जलते हैं

जब मैं कलम को उठाता हूँ, तो
मेरे भीतर से अनेक सपने जन्म लेते हैं
फिर वे दृश्यों का सागर बन जाते हैं
मैं चौराहे पर खड़ा, अनेक दृश्यों को देखता हूँ
एक-एक दृश्य मेरे हृदय को
आत्म दर्शन कराते हैं

मेरी भावनाएं समृद्ध रेखा पर चलती हैं, तो
संवाद खुल जाते हैं मेरे विपरीत
मेरा हर प्रयत्न निष्फल होता है
क्योंकि मेरी कलम से निकले
शब्द अग्नि धार बन जाते हैं

यह वही आवाजें हैं

जो मैं सुनते आ रहा हूँ
भूख से तड़पते मनुष्यों की
बीमारी से जीने की उम्मीद खोते
उन आत्मा पीड़ितों की
वे अनेक संघर्षों से जूझते हैं और
जिंदा आकृतियों में जीते हैं

बेसहारा होते बच्चों को देखता हूँ
उनकी वेदना सुनता हूँ
वे भूख की त्रासदी को जीतने के लिए
सूर्य की अग्नि में कैसे जलते हैं

किसी के घर सुख की
नदी बहती है तो
और किसी के घर दुखों का
सागर उबलता है

मैं उन सभी पर कलम उठाता हूँ
उनकी भाषा का सृजन करता हूँ
सामाजिक चेतना के लिए
अनेक चुप्पियों को सशक्त करता हूँ

मेरी कविता

मेरी कविता कहती है
तुम मूक दर्शक मत बनों
भावनाएँ आहत हो जाती हैं

तुम अपनी भावनाओं को
उन अक्षरों में बदलो
वे अक्षर, जो शोषण मुक्त
सूर्य-किरणों को जन्म देते हैं

समय-समय पर समस्याएं
शिला बन कर खडी हैं
तुम अपने शब्दों से उन शिलाओं को
पानी के प्रवाह में बहा दो

जब तुम्हारे अक्षरों से
समाज में परिवर्तन आता है
तो सौंदर्यात्मक भावनाएं
प्रेम से उभरती हैं

मेरी कविता कहती है
तुम अपने अक्षरों से
ऐसे शब्दों को जन्म दो

वे समाज के भीतर छिपे काले चेहरों को
एक शक्ति बन कर धो डालें

जब तुम्हारे अक्षर
शब्दों की भाषा से
ध्वनि की भाषा में प्रवेश करेंगे
तब एक नया आकाश जन्म लेगा
वह क्रांति का सूर्य बन कर
उन पर बरसेगा
जो इस देश को खोखला
बनाने की नीतियों को अपनाते हैं

मेरी कविता कहती है
तुम उन पर प्रेम बरसाओ
अपने अक्षरों से... अपने शब्दों से
जो रात-दिन श्रम की तपस्या करते हैं
फिर भी उनका पेट नहीं भरता
वहीं तुम्हारे अक्षर... तुम्हारे शब्द
चेतना का लालटेन बन कर
उन्हें ले चलेगा...क्रांति के रास्ते

मेरी भाषा

तुम्हारी परिभाषा से
मेरी भाषा का सपना टूटने लगा
उत्तेजना के फूल
अब बिखरने लगे

सामाजिक स्वतंत्रता पर
बाज़ार का रंग चढ़ने लगा
मेरी भाषा में सपनों की झील
बहती है किसी नदी की तरह

भावसागर में खडा मैं
हिमशिखरों से वार्तालाप करता हूँ
मेरी भाषा की अनमोल बोली से
प्रेम के फूल खिल उठते हैं

तुम अपनी परिभाषा से
मिटाना चाहते हो
मेरी अनमोल बोली को
तुम्हारा लक्ष्य, घातक विचारों पर खड़ा है

मेरी भाषा को नष्ट कर
नये आयामों को खोलना चाहता है

तुम्हारा आक्रामक रुख
नए अर्थों में प्रतिबिंबित हो रहा है

तुम्हारे तेवर दहकती दहशत को
बढावा दे रहे हैं
विवशता के सूर्य को
जन्म दे रहे हैं

तुम नहीं जानते
मेरी भाषा ही मेरी संस्कृति है
छीन लो मुझको
पर मेरी भाषा को नहीं

मेरी भाषा को
तिलांजलि देती अनेक वाणी
तुम्हारी परिभाषा का एक बाज़ार है
'मेरी भाषा' एक प्रेम है

मेरा अनुभव

आज मेरा ज्ञान
उन अनुभवों के सार मिला है
जो मेरे मस्तिष्क में
समय की ठौर बनकर
नए आकाश को खोज लेता है

जीवन, अनुभवों से भरी
एक चलती-फिरती प्रतिमा है
सवेरे की मुस्कान
उन अनुभवों को उजागर कर
भव्य-दर्शन कराती है

निस्संदेह मेरा अनुभव
एक बीती हुई किरण है
पर, वही किरण हर समय
अपनी चमक दिखाती है
मेरी भावनाओं में ठहर जाती है

जीवन में अनेक पराजयों को देखा है
चुनौतियां समय की साँस बन कर
परीक्षा ले रही थीं
त्रासदी पर खडा मैं

हर आँधी का सामना किये
अनुभव ही मेरा सहारा बना

कर्म से मिला हुआ यह अनुभव
हर समय को समेट कर
नए आयामों में जीने लगा
मेरा अनुभव ही मेरी आस्था बन कर
नए शब्दों को तराशता है
हृदय में दीप जलाकर
मेरे अनुभव को बचाना चाहता हूँ

भविष्य के सपनों को बचाने
विनाश के तूफान से
लडना चाहता हूँ
मैं अनुभवसार जीना
चाहता हूँ

मैं ने देखा है

मैं ने हृदय के भीतर अक्षरों को
प्रेम के गीत बनते देखा है
शब्दों के तूफान में
नए रंग खुलते देखा है

भावनाओं के सागर में
अनेक फूल खिलते देखा है
सवेरे का सूर्य
नए किरणों को छोडते देखा है

शीत लहरों में
प्रेम की अग्नि को बूझते देखा है
कमल के फूलों पर
ओस के बिन्दु चमकते देखा है

अभी-अभी मैं ने चहचहाते
पक्षियों के कलवर को
आकाश के आनंद रेखाओं पर
दौड़ते देखा है

तुमने कभी देखा है?
भाषा में फूलों जैसे शब्दों को

भावनाओं में आकाश को घेरती
दु:खों से भरी अतीत पीढ़ा को

तुमने देखा होगा
पारदर्शी जीवन में
श्रद्धा के फूलों का शोषण को
समय के सागर में
निरभ्र होते उम्मीद के पर्दे

मैं ने देखा है
जीवन की आंतरिक संरचना को
समय की चिंगारी पर
नए शब्दों को जन्म देते हुए

प्रेम भरे शब्द

तुम अपने शब्दों में
प्रेम की आत्मा को भरदो
वे उद्दीपनों के सागर पर
आत्मनिर्भरता का ताज पहनेंगे

जहाँ मनुष्यों के बीच शब्द चलते हैं
वे हिम की तरह पिघलते भी हैं
हिम के चट्टान
अतिभावनात्मक सरल होते हैं

तुम अपने जीवन को
इतना सरल बनाओ
हर अग्नि-परीक्षा में
विजय प्राप्त करोगे

तुम अपने हृदय में
प्रेम का तूफान लिया चलो
नए शब्द जन्म लेते हैं
संवादों में प्रेम की नदी बहती है

जब तुम सकारात्मक दृष्टि को
अपनाओगे, भाषा में फूल खिलते हैं

समाज का उत्थान के लिए
आत्मीय भाषा की जरूरत है

शब्दों में ही मानव प्रेम है
शब्दों में ही मानव घृणा है
जैसे आकाश में कभी बादल तो
और कभी चाँदनी रातें

एक प्रेम ही तो है
शब्दों को शब्दों से जोड़ता है
और समय के रास्तों पर
फूलों से भर देता है

अग्नि शब्द

भावनात्मक शब्दों को
खोजने में अनेक प्रतिबंध
मेरे मार्ग में शिलाएं बनकर बैठी हैं
मैं हर शिला को परखने लगा
वे अग्नि से जलते हुए
मनुष्य की भाषा को पहचानने लगे

भाषा से निकले समृद्ध शब्द
मेरी ज़मीन से जुड़े पंखों पर
वर्तमान की चादर चढ़ा रहे थे
मैं देख रहा था वर्तमान के भीतर
कि शब्दों पर अग्नि लपेटे
वह किस तरह मुस्कुरा रहे हैं

सवेरे का सूर्य निकलते हुए
कहने लगा कि, इन आज़ाद पक्षियों को
मेरी ज्वाला से कैसे बचाऊं
क्योंकि हर दिन एक नई घोषणा होती है
इस जंगल के उन्मुख अग्नि शब्दों से
पत्थर भी नहीं टिकते
उन भयावह आवाज़ों के निकट
विकास की खोज में

मीठे शब्दों की आवाज़ें जहाँ से निकलती हैं
वहाँ मतदान का भरपूर लाभ
उठाते हैं मुखौटे पहने हुए नेता
जिन्हें जो चाहिए वे आसानी से
हासिल कर लेते हैं,
झूठे शब्दों से फिर वही लोग
ठेके के बड़े हिस्सेदार बनते हैं

परिंदों का झुंड, हजारों पंख हिलाते हुए
प्रकृति को पावन करते हैं वे अपने शब्दों से
आत्मा के अंतर्मन को पिघलाते हैं
समृद्ध से निकले इन शब्दों को
मैंने देखा वे पक रहे हैं

भाषा के आंतरिक शब्दों को
खोजने लगा हूँ सूरज की किरणों में
एक सुदूर राह दीख रही है
अनेक शब्द अंकुर बन फूट रहे हैं
जैसे जमीन पर खेत पक रहे हैं

शब्दों की अभिव्यक्ति को
कुचलने से नए शब्द जन्म लेते ही हैं
शब्दों के मोरचे अग्नि गीत रचने लगते हैं
क्योंकि शब्द ही एक विचार है
शब्द ही आत्मा की पुकार है।

अग्नि परीक्षा

अब हर किसी की
अग्नि परीक्षा ली जा रही है
समय कठिनाई की काठ पर चलते हुए
नये आयामों का उद्धरण कर रहा है

मनुष्य है, कोई पत्थर नहीं
स्वासें तो चलती ही रहेंगी
समय-समय पर परीक्षाएं
तांडव मचाती ही रहेंगी

भविष्य कहीं नाराजगी से
किसी अंधेरी गुफा में छुपा हुआ है
मनुष्य की भावनाओं को
वह समझ भी सकता है

जीवन को चलाना है तो
भविष्य को मनाना ही होगा
फिर एक नया आकाश खुलेगा
तो जीवन चलते ही रहेगा

आज भी वही आकाश है
वही सागर है

परन्तु हवा में अनेक रंग घुलने लगे
नये जीव-कणों की उत्पत्ति होने लगी

प्रकृति का प्रकोप इतना भयंकर
कभी देखा नहीं गया
जो उसकी आत्मा से खिलवाड़ करते थे
वही आज भयंकर तूफान का सामना कर रहे हैं

संतुलित पर्यावरण को
असंतुलित बनाने में
मनुष्य का स्वार्थ भयावह रहा
प्रकृति पलटवार करने में सहयोग रहा

काल-चक्र तो चलता ही रहेगा
मनुष्य अपने विचारों को जब बदलेगा
तभी तो प्रकृति नए आयामों से खिल उठेगी
इस 'अग्नि-परीक्षा' में मनुष्य की ही जीत होगी

काव्य दर्शन

मनुष्य के जीवन में कभी-कभी
संकटों के बादल मंडराते हैं
तब उसका जीवन दुर्लभ हो
मानसिकता का शिकार बन जाता है

उसकी सारी शक्तियाँ
अधीर हो जाती हैं
उसके शब्द मौन पड जाते हैं
अच्छे समय को वह तलाशने लगता है

जीवन का कटु-सत्य यही है कि
हर मनुष्य को त्रासदी से गुजरना होगा
जहाँ उसके रास्ते
संकटों से घिरे होते हैं

संभवनाएं विलक्षण रूप-धारण कर लेती हैं
और पूर्ण रूप से निस्तेज हो जाती हैं
उसी समय उसको
धैर्य का रास्ता अपनाते हुए
मन में आशा के दीप जलाना होगा

कठिनाई तो है ही
पर निराशा नहीं मिलेगी
सफलता को प्राप्त कर लेगा

मनुष्य का जीवन
आशा–निराशा के बीच
विशवासों से चलती एक प्रक्रिया है
अपने कर्तव्यों को निभाने में
असफलताओं का सामना कर
डूबते सूर्य को मन में बैठा लेता है

जब उसका मन विभोर हो
सक्रिय हो जाता है
तब उसी मन में
सफलता का सूर्य
उदय होता है
मंडराते बादल हट जाते हैं, तब
आकाश 'काव्य–दर्शन' बन जाता है।

स्थितियाँ

स्थितियाँ बदलने लगीं
समस्याओं का भरमार खुलने लगा
मनुष्य की सतह पर से अनेक
भावनाएँ उत्पन्न होने लगीं

वे सभ्यता के आँचल को
बर्बरता से नष्ट करने लगे
आज हमारे विचारों में
सामाजिक मूल्यों की
कोई स्थिति नहीं रही

स्थितियाँ व्यक्ति-विकास में ठहरने लगीं
समाज और दुनिया आज
ऐसी स्थिति पर आ खड़ी
जहाँ रास्ते भयानक त्रासदी से गुज़र रहे हैं

तुम बदलो अपने विचारों से
जहाँ स्थितियाँ बदल रही हैं
फूल खिलना स्वभाविक है
पर फूलों जैसा दिखावटी मन बनाना
अस्वभाविक ही रहेगा

अपसंस्कृति के आँचल से निकला तूफान
तुम्हें धोखे में रख सकता है
अपने जीवन क्रम को बदलो
वर्तमान के अविरल प्रवाह में
अनंत लहरों के फूल खिलेंगे

यह सृष्टि एक रहस्य से चलती है
तुम अपने रहस्य से चलो
स्थितियाँ अपने आप बदल जाती हैं

धूप का सागर
प्रेम की पंखुडियाँ खोलता है
सामाजिक मूल्यों की रक्षा करना
तुम अपना कर्तव्य समझो

यही जीवन को उत्कृष्ट प्रेम देता है
उस प्रेम के वर्तमान को पहचानने से
तुम्हारे स्थितियाँ बदल जाएंगी

पक्ष और विपक्ष

वे लोग डरते हैं शब्दों की शक्ति से
ज्ञान और बुद्धि के उस क्षेत्र से
क्योंकि विचारों के माध्यम से
अनेक प्रश्न उठ खड़े होते हैं

पक्ष और विपक्ष की प्रतिद्वंद्विता
स्वाभाविक ही है
वे अपने समय को संगठित कर
मौके तलाशते हैं
दलों का दर्शन होता है उनके
संगठन के स्तर पर

हाँ, हम पक्ष की ओर हैं तो
विपक्ष शत्रु की भांति में दर्शाता है
अगर हम विपक्ष की ओर हैं तो
पक्ष के लोग हमें शत्रु की
भांति से देखते हैं

लेकिन दोनों भी एक ही
रास्ते के मुसाफिर हैं
और मज़े लेते हैं वे दोनों
यहाँ मुश्किल इस बात की है कि
जनता के रास्ते ही कठिनाई के होते हैं

उपेक्षा की अग्नि में जलते हैं
स्थितियां वे ही तैयार करते हैं
उनके अपने स्वार्थ विचारों से
सुरक्षा तो उन्हीं को मिलती है
जो पक्ष में हो या विपक्ष में
आम आदमी आत्म-चिंतन में
दबा हुआ रहता है

यथार्थों के बदले झूठ का सहारा
लेकर अपनी झोली भर लेते हैं
और भूल जाते हैं
जनतंत्र की बुनियादी विचार को

भले ही वे
अपने वादों पर ना टिके, पर
जनता के हृदय से खिलवाड़ ना करें
क्योंकि यह जनतंत्र की अवहेलना ही है
पक्ष और विपक्ष में कोई अंतर नहीं है

समय के दर्पण में
राजनीति का पैंतरा बदलना
कोई आश्चर्य की बात नहीं
जैसा कि आज का पक्ष, कल का विपक्ष
और आज का विपक्ष, कल का पक्ष

कुर्सी

जब मिल जाती है कुर्सी
तब सब कुछ भूल जाते हैं
अपने किए हुए वादों को
हटा लेते हैं मस्तिष्क के भीतर से
जैसा कि कोई वादा किया ही ना हो
फिर अंजान हो जाते हैं

कुर्सी उनके वर्तमान जीवन को
वसंत के फागुन में डुबोती है
ठेकेदारों से किए हुए वादों को
निभाने में सक्रिय हो जाती
अंधेरी रातों को प्रकाशमय बना देती
चाँद की चँदानी से

समय–समय की बात है
मतदान के समय
मज़दूर का पसीना ढोने का
ढोंग रचने वाले
जीत हासिल होते ही
चंदन की लकड़ियों से
जलसे मना लेते हैं
उत्सव के सागर पर गीत गा लेते हैं

वर्तमान की आशा रखने वाले
आभावों से जूझते ही रहेंगे
क्षितिजावस्था में उनका समय
शिलाओं से टकराता रहेगा
फिर वही आशा उनके जीवन में
श्रद्धा बनकर आस्था में खोजी जाएगी

किसी पर विश्वास रखना
मानवतावाद कहलाता है
विश्वासघात हृदय के अंतरमन को
घोपता है नुकीली छुरियों से

पर विश्वास रखने वाले
कभी पीछे नहीं हटते
वहीं वादों से मुकरने वाले
फिर वादे करना नहीं भूलते
परम्परागत उनकी कुर्सी
उन्हीं की बनी रहेगी।

धर्मनिरपेक्ष धरती

यह आग किसकी लगाई हुई है?
इधर भावनाएँ आहत हो रही हैं
उधर बवाल मच रहा है
भविष्य पर निराशा छाई हुई है
आँखों में हैं आँसुओं से भरे बादल
क्योंकि हर एक के हृदय में
भय का वातावरण छाया हुआ है

धर्म के चश्में मुस्कुराने लगे
क्योंकि उनकी दृष्टि ने
एक नयी विचारधारा अपना ली
वह निरंतर प्रेम की पंखुड़ियों को काट कर
आहट के रास्तों को जन्म देने लगी

धर्मनिरपेक्ष धरती पर
अधर्मी संवाद अंकुर बन फूटने लगे
अभिव्यक्ति की आजादी पर
अंकुश के ताले लगने लगे

आज विशवासों की धरती पर
अनेक प्रश्न उठ रहे हैं
कहीं किसी का मन घायल हो
'डर' के आंचल पर खड़ा है
क्योंकि धर्मनिरपेक्ष धरती को
किसी ने उसके दामन से
खींचने का विद्रोह रचा है

जल प्रलय

वह आकाश से फटा हुआ जल है?
या आसुओं से बहती हुई धारा है?
लेकिन जल प्रलय बन कर
धरती को अपने प्रकोप से
भीषण तबाही मचा रखा

आकाश ने खोल दिया है
बन्द द्वारों को
अब मेघ सीधे धरती पर
कूद पड़े हैं उन्मत्त भावों से
धारा बन कर बह रहे हैं
गावों में और शहरों में

इस हताश परिणाम से
जन-जीवन अस्त-व्यवस्थ हो
हृदय में आसुओं को भर-भर कर
सहायता की गूँज लगाये रखे

जहरीले संस्करणों के परिणाम से
मानव भुगत रहा है
लाशों के गीत गा रहा है

मनुष्य प्रकृति के साथ

खिलवाड़ पर उतर आया
तभी तो प्रकृति... प्रकोप में आ गयी
अंधा तूफान बन कर
प्रलय का पर्वत बनी
आसुओं का सागर बनी

अब टूटे हुए हृदय से
मानव लिख रहा है
विषादों से भरे गीत को

यह जीवन समय का चक्र है

मैं ने देखा मेरी अपनी आँखों से
चलते जीवन को संवेदनशील बनते
मुझे लगा यह जीवन-सार
सत्य के आंचल पर खड़ा समय का चक्र है

यह जीवन शब्दों के मोति बन कर
आकाश में तारे जैसा चमकता है
हृदयाँचल पर खड़ा मुस्कुराता यह जीवन
भावनाओं के बीच व्यंग बना है

समय के परिवेश में खड़ा यह जीवन
क्षण-क्षण में उद्विग्न हो रहा है
प्रतीक्षा के सागर पर खड़ा यह जीवन
समस्या की गहराई में भावुक हो रहा है

मैं कहता हूँ यह जीवन
समय का सागर है
इसकी भीतरी भावनाएँ एक होकर
मस्तिष्क के बाहर खड़ी होती हैं

आकाश पर खड़े देखते हैं
इस जीवन के मधुर क्षण
वे घुल जाते हैं समय-समय पर

ओट पर खड़े ओस के बिंदू बन कर

मैं नहीं कहता इस जीवन को
अटूट भावनाओं का प्रेरक है
मैं कहता हूँ इस जीवन को
भावनाओं में डूबा समय का चक्र है।

जीवन में रोशनी

तुम अपने रक्तकणों में
सूर्य की लाल किरणों को भर दो
वे तुम्हारे कणों को अवश्य ऊर्जा देंगे
क्योंकि तुम्हारे शरीर का तापमान उतर गया है

सदियों से तुम शोषण को सहते रहे
कभी तुम अपने जीवन में झांक कर तो देखो
तभी तुम्हें पता चलेगा फूल कहाँ खिल रहे हैं
कांटे किस घर में चुभ रहे हैं

अपने विचारों को आज ही बदल दो
कब तक भय के अंधेरे के साथ समझौते करोगे
तुम भी तो उन्ही की तरह इन्सान हो
जिस के शरीर में हृदय धड़कते हैं

यहाँ स्वासों के बीच कोई अंतर नहीं है
क्योंकि हवा सब के लिए समान है
वैसे में तुम कौन सी छोटी स्वास वाले हो
क्या तुम्हारी स्वासों में गर्मी नहीं है?

तुमने कभी अपने जीवन में प्रश्न किया नहीं
अब प्रश्नों की परमपरा को एक
स्वास की तरह अपना लो

यहाँ प्रश्न करने से मुक्ति के द्वार खुलते हैं
वरना तुम्हारा जीवन बिना मुक्ति के
मुक्त हो जाएगा

यह धरती, यह आकाश सब के लिए समान है
तो तुम मनुष्यों के बीच असमान क्यों हो?
तुम्हारे कमज़ोर विचार ही तुम्हें अपाहिज बना रहे हैं
इस अपाहिज जीवन के साथ, तुम कब तक झेलोगे?

तुम अपने सपनों को
कब तक अंधेरी गुफाओं में दबा कर रखोगे?
प्रभात का सूर्य थंडा ही दीखता है
लेकिन वह ऊंचाई पर चढ़ते ही
आक्रोश बन जाता है

तुम अपने जीवन को
प्रभात के किरणों में बदल दो
क्योंकि वे किरणों से ही
धरती पर रोशनी फैलती है
एक दिन तुम ही समझ पाओगे
संघर्षों से ही जीवन में
कितनी रोशनी आती है

प्रशांत सागर

अपने सपनों को
लहरों पर दौड़ा रहा है
किसी अद्भुत कार्य को
अंजाम देने सशक्त हो रहा है

देखो उसके भीतर
अनेक तरंगों का झुंड
अंतहीन सन्नाटों के साथ
आशाओं को समेट रहा है
फिर उज्ज्वल भविष्य की ओर
अपने कार्य को साकार कर रहा है

समय की अग्निशिखा पर
जीवंत का युद्ध ठहरा है
रात की गहरी नींद से
कैसे जाग उठ रहा है

धरती का यह सागर
अपनी विशाल दृष्टि से
क्षितिज के आकाश पर
भावनाओं को समेट रहा है

बादलों के लिए

अनेक शब्द बन कर
इतिहास के पृष्ठों पर
कर्म-कांडों को रच रहा है

देखो प्रशांत सागर
अपने स्मृतियों में कैसे खो गया है
इसे जगाओ मत,... वरना
मधु के छत्ते से उड़ जाएगा
विपरीत दिशाओं में बह जाएगा।

नव वर्ष

नव वर्ष 2021 का आगमन
शीत लहरों के साथ
आशाओं से भरे बादलों के साथ
उत्कृष्ट प्रेम के साथ
चिन्ताहीन शब्दों के साथ होना
हमारे लिए अत्यंत आनंद भरा होगा

कोरोना के भय को समाप्त कर
नए अक्षरों के सृजन से
वह हमारे दहलीज पर आ खड़ेगा
तब हम उसका स्वागत फूलों से ही नहीं
हृदय के अंतरमन से करेंगे

ऐसा न हो कि, कोरोना की लहर
बढ़-चढ़कर आशाओं की कमर ना तोड़े
धरती के कदमों में ताला न गिरे
रोज़ी-रोटी चौपट ना हो
मज़दूर-किसान की कमर पर
मार ना गिरे

2020 वर्ष ने हमारे जीवन को
दुर्लभ बना दिया
महामारी के भय से ताला बंद

संध्या की चपेट में आ गए
अंधेरी चादर ओढ़े हुए हम लोग
अनेक कष्टों को सह लिए

आज नव वर्ष 2021 का आगमन हो रहा है
भविष्य की आशा जागने लगी है
उम्मीद की एक किरण बादलों को छेद कर
हमारे हृदय के आँचल पर
नये अक्षरों का सृजन कर रही है
हम आशाबद्ध हो
उसी के स्वागत में ठहर जाएँगे।

आओ तिरंगा फहरायें

देखो छब्बीस जनवरी का उदय हुआ है
गणतंत्र दिवस का सूर्य अपने किरणों से
सारे देश को जगा रहा है
तुम भी जागो, हम भी जागें
शहीदों को शत्-शत् नमन करें
अमर जवान ज्योति
हर मन में जाग उठे

संविधान की रोशनी में
लोकतंत्र खड़ा है
गौरवान्वित भारत की छवि को
आकाश की ऊँचाई पर ले चला है
इधर ऋतुराज खड़े हैं मुस्कुराते
उधर अन्नदाता बैठे हैं धरना पर
कृषि कानून से नाराज़
मन बना है आक्रोश की ज्वाला

कोरोना से दु:खी समाज को
आशा का एक टीका मिला है
फिर भी निराशा से भरा हुआ है
चलते जीवन पर
अंधेरी साया का कहर बना हुआ है

आओ तिरंगा फहरायें
गणतंत्र दिवस पर नए विचार जगाएं
धर्म–निरपेक्ष धरती को
हृदय के बगीचे में बिठाएं।

होली आई है

होली आई है
नए संदेश लेकर आई है
तन के तार छुई है
मन के तार भिगोई है

बसंत ऋतु के आगमन से ही
मौसम के रंग खुले हैं
जीवन के उत्सव में
मन के अनेक रंग खिले हैं

तुम रंग-बिरंग पिचकारी से
प्रेम के रंग खेलते हो
भावनाओं में, संवेदनाओं में
हर्ष और उल्लास को भरते हो

यह दुनिया एक रंगीन है
व्यापार के रंग खेलती है
रिश्तों की चादर को
पैसों के रंग में तोलती है

देखो यहाँ द्वेष के रंग खुले हैं
समाज को धर्म के नाम पर बांट रहे हैं
तुम उस जहरीली भावनाओं को

अग्नि के लपेटों से दहन करो

होली आई है
तुम प्रेम की पंखुड़ियां खोल दो
भाषा के रंगों में
प्रेम से भरे शब्दों को बहा दो

कोरोना काल के तनाव को
भविष्य के रंगों से घटा दो
फूलों से भरी अंजुरी को
होली के रंगों में बहा दो

ढाई अक्षर प्रेम

जीवन के रास्तों में
हम दो अक्षर मिले हैं
समय की बन्द मुट्ठी में
प्रेम के ढाई अक्षर बने हैं

अटूट आस्था के शब्दों में
मन की चादर बने हैं
उलझे हुए भावनाओं में
अनगिनत गीतों को पाए हैं

कबीर कहते हैं प्रेम अपूर्ण है
पूर्णता तो उसकी मृत्यु है
हम मृत्यु की दर पर खड़े हैं
प्रेम की लपटों में बंधे हुए हैं

अब भ्रम की दीवारें
टूटने को सशक्त हैं
आँखों में प्रेम की ज्वाला
तूफान बन खड़ी है

तुम संध्या की झील को देखो
वह प्रेम के गीत सुनाता है
समय की दहलीज पर

प्रेम की नदी को बहाता है

तुम पक्षी के प्रेम को देखो
उसकी लहराती पंखुड़ियों को देखो
तुम्हें नया संदेश मिलता है
जीवन का अंतिम रहस्य बनता है

यह जीवन खड़ा है
प्रेम से बने सृष्टि के निर्माण पर
मत बुझाओ प्रेम की शीतल अग्नि को
मत खो दो सिंदूरी शाम को

ढाई अक्षर प्रेम में
दो अक्षर बने हैं हम
आधा अक्षर प्रेम को
अपूर्ण से संपूर्ण बना देंगे

पहली हँसी...

आज पहली हँसी को मैंने देखा है
सवेरे-सवेरे प्रेमभरी आँखों से
वह हँसी मेरी ओर ही झलक रही थी
मौन शब्दों में लहरा रही थी

क्या यह सच है?
वह पहली हँसी ही थी?
मैंने, मेरी आँखों को दर्पण में झांका
क्योंकि मेरी आँखें कभी धोखा नहीं देती
फिर भी मैं परखने लगा उस दर्पण में

दर्पण तो बताता है अपने ही आँसुओं को
मुस्कुराते ओस के बिन्दुओं में
वे बिन्दू चेहरे की सुन्दरता को बढ़ाते हैं
जैसे सवेरे के रंगीन प्रकृति में
सुंदर फूल खिल उठते हैं

वह पहली हँसी पलक झपकते ही
मेरे हृदय की सतह पर अभिभूत होने लगी
मैंने उस हँसी को मेरे मन के भीतर
एक फूलों की चादर में छिपा दिया

उस पहली हँसी में यौवन का बहार था

फूलों का आँगन था
उस आँगन में, मैं खडा हुआ था
उस हँसी के स्वाद में मेरा रोम-रोम
प्रेम से उन्मुक्त होने लगा था

वह तो पहली हँसी ही थी
लेकिन मुझे लगा उस हँसी में
प्रेम के अनेक झलकियाँ थी
वे तो मुझे ही आह्वान कर रहे थें

तब मैं ने उस हँसी के आघोष में
एक नए जीवन को अपना लिया

मेरा प्रस्ताव

मैं ने एक प्रस्ताव, तेरे उन्मुख रखा था
प्रेम की हवाएं उस पर चल रही थीं
तेरे कोमल हृदय पर, घाव न बनें
मैंने हर पल उस पर ही
नज़र टिकाए रखा था

तू विचारों के सागर पर खड़ी थी
मेरे प्रस्ताव को लेकर संशय में पड़ी थी
तेरे हृदय में प्रेम की आशा जाग रही थी
तू फूलों की तरह मुस्कुराने लगी थी

यह प्रेम है या प्रेम की भाषा है
तेरा मन उलझनों में डूब गया है
तू हवाओं से बतियाने लगी
गुलाब की पंखुडियों में, चेहरा छुपाने लगी

मैं क्या समझूं?
मेरे प्रस्ताव को लेकर
तुम किन विचारों में डूबी हो
आकाश की ओर देख
इंद्रधनुष के रंगों को गिन रही हो

आज मेरे इस प्रस्ताव को

छोड कर जाता हूँ तेरे आँखों में
उस प्रस्ताव को तेरे हृदय के भीतर
फूल बना कर रख लेना

कल के सूर्य के उदय होने से पहले
मेरे प्रस्ताव को खोलकर देख लेना
क्या वह मुरझाया गया है ?
या प्रेम का अंकुर बना है ?

निमन्त्रण

मैं तुम्हें निमंत्रण देता हूँ
सवेरे के सुंदर दृश्यों का आनंद लेने
जहाँ पौधों पर फूल मुस्कुराते हैं
हरियाली पर ओस-बिन्दु गुनगुनाते हैं

आकाश में ठंडी हवाएं चलती हैं
पंछी पंख हिला कर उडते हैं
उन हवाओं की ताज़गी लेने चली आओ
जहाँ तुम्हें देखकर पवन मुस्कुराएगा

मैं निमन्त्रण देता हूँ सवेरे-सवेरे
तुम वहाँ चली आओ
जहाँ चिडियों का झुंड होगा
उनके कण्ठ से निकलती आवाजें सुनो
वे कितना मधुर संगीत सुनाती हैं

तुम ने देखा नही होगा
प्रभात की पहली किरण को
वे सुन्दर-सी किरणें
जब धरती पर गिरती हैं
तब धरती उन किरणों को
कैसे बाहों में छिपाती है
लज्जा से वह कैसे मुस्कुराती है

मेरे निमन्त्रण को आज्ञा समझो
या प्रेम–पत्र समझो
लेकिन तुम सवेरे–सवेरे
मुस्कुराती चली आना
जहाँ फूलों का आकाश
तुम्हारा आह्वान करेगा

तुम्हारे सन्नाटे

तुम ऊब गये हो मेरे अधरों से
आशाओं के बगीचे में सन्नाटे बनकर
हृदय की धड़कनों की आवाजें लेकर
तुम ठहर गये हो शीतल हवाओं में

सन्नाटे पुकार उठे हैं
इस हृदय के आँचल पर
तुम न कहो तो मैं एक पल
निहारती हुई पी जाऊँगी तुम्हारी परछाई को

तुम आसमान पर घिरे हुए बादलों में बैठ कर
हवा के साथ मेरे इर्द-गिर्द घूमते हो
तब मैं महसूस करती हूँ उस हवा में
तुम्हारी छुपी हुयी भावना को

तुम कब बहार बन कर मेरे समीप आओगे
मेरे प्रेम के फूल मुरझाने लगे
वसंत का आगमन हुआ है
वह तुम्हारी प्रतीक्षा कर रहा है

आज यह सन्नाटे, कहीं तूफान न बन जाए
आवारा बादल तो घूमते हैं गली-गली
उनके शोर से हृदय काँप उडता है

कहीं इन फूलों को चबा न जाए

एक क्षण भी ऐसा नहीं मिटा
तुम्हारी प्रतीक्षा की राह में
सागर की हवाओं में मेरी प्रेम की ज्वाला
बुझ ना जाए तुम्हारे सन्नाटे में

मुझे क्षमा करो

वह यादें मेरे हृदय की सतह पर
दर्द बन कर खड़े हो जाते हैं बार-बार
तब मैं उस समय को समेट लेता हूँ
आँसुओं के बादलों से

मेरे शब्द भी आज मौन पडे हैं
ना-मिटने वाले यादों के अक्स पर
अंतिम आसुओं के बूंद
धो रहे हैं मन के गहरे घावों को

फिर भी वे घाव कभी मिटने वालों में से नही
सूर्य अपने समय से चलता है
चाहे बादलों का झुण्ड
क्यों ना उस पर हावी हो जाए

जीवन की रेखाओं पर
स्थितियाँ अपने सिरे से बदलती हैं
मैं संकल्प बद्ध जीवन को बिताया हूँ
पर, बदलते ऋतुओं की तरह
मेरे रास्ते भी बदलने लगे

आज मेरे हृदय के भीतर
भावनाओं की ज्वाला भड़कती है

उन निस्सहाय स्थितियों को याद कर
अब वह नहीं दिखाई देगा
जीवन के श्वासें भरते हुए
क्यों कि वह मृत घोषित हुआ

मेरे भाई तुम विश्वासों को
अंधेरी कोठरी में बन्द किया है
चल पडा है जीवन की अंतिम यात्रा से
धरती के गर्भ में
दुखों के बान्ध से मुक्ति पाने को

मुझे क्षमा करो मेरे भाई
तुम्हारे सपने अधूरे ही
क्षितिज के आकाश पर खडे हैं
समय को साक्षी बना कर

सुख–दुःख

सुख–दुःख मानव के दो अंग हैं
जैसे आत्मा और शरीर
जब सुख को स्वीकार कर
दुख को नकारना
जीवन में अधिपकी तृप्ति ही मिलेगी

यहाँ सुख का मतलब है
मानव जीवन में तृप्ति बनी रहना
पर, यह तृप्ति बिना दुखों की
अधूरी सीमा रहेगी
क्योंकि मानव जीवन
सुख और दुखों का सम उज्जीव है

मैंने देखा और परखा है
मनुष्य की आंतरिक भावनाओं को
जब किसी की भावनाएं
आत्मा पीड़न की अग्नि में जलते हैं
तब वह हृदय से आहट हो जाता है
और अनेक संघर्षों से जूझता है

हर मनुष्य के इर्द–गिर्द
अनेक समस्याएं घूमते हैं
जैसे धरती सूरज की चक्कर लगाती है

समस्याएं अपने आप समाप्त नहीं होते
निरंतर संघर्ष करना होगा
जैसे भभकती आग पानी से बुझती है

जब मनुष्य समय की शक्ति से
समस्याओं को सागर के लहरों में
छोड़ देगा, तब उसका हृदय
अनंत आकाश में, उल्लास की भावनाओं में
तृप्ति का आनंद लेता रहेगा

यह समय की सद्भावना है कि
दुख भी प्रकृति का दिया हुआ
जीवन दर्शन है
सुख एक औपचारिक प्रक्रिया है
जब दुख के बादल हट जाते हैं, तो
आत्मा का अंतरदर्शन होता है

विष भरी चिंगारी

एक चिंगारी भस्म कर रही थी
मानस पर उभरे विचारों को
एक चिंगारी भस्म कर रही थी
शब्दों पर खड़े भावनाओं को

मैंने खडा देख रहा था
उसके आँचल पर भीगते नैनों को
मुस्कुराते चेहरों पर
बरसने लगे हैं चिंगारियों से भरे शब्द

उन शब्दों में विष भरे हुए
अनेक चेहरों को मैं देखता हूँ
वे प्रेम के सागर में
आग के तूफान कैसे उड़ाते हैं

मैंने उलझने लग गया हूँ
उनके मानस कृतित्व को देखकर
वे आस्था के फूल लिए
बेबाक चिंगारियों को उड़ाते रहे

आहट होने लगे आत्मा के फूल
निशब्द अंधेरी चादर ओढ़ घुट-घुटने लगे
मैं देख रहा था उन फूलों के प्रेम को

वे फूल भारी–भरकम कदमों के नीचे
कैसे कुचले जा रहे थे

मानवीय धरातल पर खड़े भावनाएँ
चिंगारियों के अविरल प्रवाह में भस्म होने लगे
शांति के सागर पर खड़ा मैं देख रहा था
वे मन में विष भरी चिंगारी लेकर
कैसे उड़ने लगे हैं

प्रकृति की विरासत

तुम उन वनों को नष्ट कर
कांक्रीट महलों को बनाते हो
उन महलों में तुम सूर्य किरणों को बंद कर
ऊर्जा के सपने गुणते हो

तुम राज–भोग से परे हो
धन के लालच में घिरे हो
बहती नदियों के रास्ते बदलते हो
जहाँ तुम्हारे अपने स्वार्थ से भरे सपने ठहरे हैं

जब तुम धरती के विस्तार को
अपनी बंद मुट्ठी में जकड़ लिए हो
तब तुम्हें दिखाई नहीं देगा कि
आहत होते फूलों के वन

तुम सागर पर भी अपना नाम लिख देते हो
जहाँ मछलियों की आज़ादी भंग होती है
वहीं तुम्हें देखना होगा कि उनका आकाश
कैसे सिकुड़ने लगा तुम्हारे बंद मुट्ठी में

तुम उन पहाड़ों के झरनों को
अपने स्वार्थ के अंधेरी गुफाओं में दबोचते हो
तब पहाड़ की आत्मा निराश हो टूठ जाती है

उन पर खिल उठते फल–फूल, पौधे आहट हो जाते हैं

तुम नहीं जानते कि धरती पर
किस–किस का अधिकार होता है
मानव के अलावा पशु–पक्षी का भी और
प्रकृति का भी
तुम उनके आज़ादी पंखों को काट रहे हो
जिन से प्रकृति पावन होती है

तुम उन सब को नष्ट करना चाहते हो
जिसमें तुम्हारा प्रलोभ सागर की तरह उमड़ा है
प्रकृति की विरासत को तुमने भंग किए हो
लेकिन सच्चाई से मुकर नहीं सकते
एक दिन तुम भी अग्नि के आकाश में
जलते रहोगे

काश तुम !

काश तुम फूलों की तरह
मेरे वनों में खिल उठती
मैं उन वनों का रक्षक बन जाता
काश तुम मेरे हृदय में संगीत बन उठती
मैं तुम्हारे गीतों में लीन हो जाता
काश तुम मेरे जीवन में
शब्द बनकर चली आती
मैं उन शब्दों की भाषा बन जाता

आज तुम उस विज्ञापनों के संसार में
चमकते सितारों की तरह ऊब गई हो
जहाँ तुम्हारे रंगीन सपने अपनी छवि बन कर
विश्व सुंदरता की लड़ाई में उभर चुकी हैं
आज तुम उन सुंदरियों के बीच
अपनी सुंदरता की पहचान बनाई हो
आज तुम्हें दुनिया विश्व सुंदरी कहकर पुकारती है

मैं सब कुछ देख सकता हूँ
लेकिन तुम्हारे समय को छू नहीं सकता
तुम अपना समय बाज़ारवाद को दे दिया है
वह बाज़ार उपभोक्ता से जुड़ा है
उस उपभोक्ता के सागर में
तुम एक विज्ञापनों की नदी बनी हो

जहाँ उत्पन्न होते वस्तुओं पर तुम खडी हो

मैं एक उलझा हुआ प्रेमी हूँ
सपनों के सागर पर खड़ा हूँ
तुम्हारी सुंदरता को मेरे ह्रदय के बगीचे में
छिपा कर पूजने लगा हूँ
काश तुम मेरे ह्रदय तक पहुँचोगी
यह संभव नहीं है?
क्योंकि मेरे जीवन के द्वार
उतनी क्षमता नहीं रखते
जहाँ तुम्हारा स्थान ठहरा है

आदमी बनने का गौरव

तुम्हें एहसास हुआ है कि
आज तुम्हारे बीच एक चुप्पी टहरी है
तुम उस चुप्पी का कारण खोज रहे हो
क्योंकि आदमी बनने का गौरव
तुम्हें प्राप्त हुआ था

आज तुम जहाँ खड़े हुए हो
वहाँ एक दिन प्रेम के पुष्प खिले हुए थे
जब तुम्हारे जीवन में अहंकार से भरा
गर्व स्थान ले चुका था
तब तुम ऊब गए हो

मनुष्य के जीवन में जब अहंकार स्थान लेता है
तो वह मनुष्य अपनों से दूर हो जाता है
जब तुम अपनों के साथ जीवन बिताते थे
तब तुम्हारा जीवन कितना गौरवशाली था

समय के चलते तुम्हारा जीवन
आकाश को छूने की आशा में दौड़ने लगा
वह स्थान तुमने प्राप्त किया हो
पर, तुम अपने शब्दों को बदल दिए हो

यह अहंकार नहीं तो क्या है?

आज तुम उत्कृष्ट जीवन जी रहे हो
लेकिन तुम्हारी भाषा का मूल कहाँ है ?
यह तुम्हें अकेले में विचार करना होगा

आज तुम समाज में उन्नत वर्ग के हुए हो
उसी में तुम अपना भविष्य खोज रहे हो
आदमी बनने का गौरव प्राप्त करना है
तो तुम अपनों के साथ प्रेम बनाए रखो
एक प्रेम ही तो है जो
अपनों से अपनों को जोड़ता है

रंगीन सपने

आज बाजार के रंगीन सपनें में
मनुष्य डूब चुका है
यह शताब्दी बाजारवाद की है
अधूरी तृप्ति में डूबी है
जहाँ मनुष्य को मनुष्य की तरह ना होकर
एक उपभोक्ता की नजर से देखा जा रहा है

तुम कुछ भी कहो हवा के दिशाएँ बदल चुकी हैं
प्रश्नों की बाढ़ निद्रावस्था ले चुकी है
मनुष्य की रुचि पर बाज़ारवाद की दृष्टि पड़ी है
यहाँ हर कोई उसकी मायाजाल में
अपने विचारों को दफन कर चुका है
किसी के सपने खुलते ही नहीं
हर सपना अंधेरी गुफाओं में बन्द हो चुका है

आज के दौर में सामाजिक मूल्य
वस्तु की ओर झुक गई है
हर वस्तु की बिक्री को
नंगे बदन से तोला जा रहा है
इस खेल में स्त्री बलि बन चुकी है
छोटे पर्दे पर हो, या बड़े पर्दे पर
देह की नुमाइश औरत ही बन चुकी है

सच्चाईयों से कोई मुखर नहीं जा सकता
क्योंकि वस्तु–उपभोक्ता सामाजिक मूल्यों को
नाजुक फूलों की तरह मसल दिया गया है
वैश्वीकरण की आग हर घर में
अपने–अपने विचारों को जला डाली है
अब मनुष्य उसी के इशारों पर
नाच–गान कर रहा है

जीवन के सारे परिदृश्य निर्जल हो चुके हैं
रंगीन सपनों का काला मुखौटा पहन कर
हर कोई आकाश में अपने को तलाश रहा है
मानवतावाद पर चादर ओढ़ाकर
वह अपनी मानसिकता को रंगीन बनाया है
जिसमें फूलों को और सपनों को
भ्रम में दिखाया जाता है

सुंदर क्षणों के सुंदर दृश्य

मैंने देखा
मेरे आँखों के सामने से
जब अंधेरा छाया सटक जा रहा था
तब सुंदर क्षणों का एक अनोखा दृश्य
मेरे आँखों के सामने आ खडा
सवेरे–सवेरे

उन सुंदर क्षणों में
मैंने वह दृश्य को देख
मेरा मन पुलकित हो रहा था
प्रभात किरणों से बना उस अद्भुत दृश्य में
मैं समा जाऊं, मन से ही नहीं
भावनाओं से ही नहीं
पूरे शरीर और आत्मा से

मैंने उस सुंदर क्षणों में खो गया था
क्षितिज के आकाश में
और कल्पना के सागर में
जहाँ मेरे सपने सुंदर भावनाओं में
पंख लगा कर उड़ रहे थे
परिपूर्ण आनंद में डूब रहे थे

मैंने उस सुंदर क्षणों का रस पाया हूँ

सूरज के शीतल किरणों में
अनगिनत सुंदर चित्रों का आनंद लिए
वसंत के फागुन में मधुर संगीत को
कोयल के कंठ से पाया हूँ

जब ठंडी-ठंडी पवन मुस्कुराने लगी
फूलों पर ओस के बिंदु चमकने लगे
पहाड़ी शिखरों पर से झरने
तब मैं देखता हूँ उस की सुंदरता को
और धरती पर पसरी हुई हरियाली को
सिमट कर बैठ जाता हूँ
उस सुंदर क्षणों के सुंदर दृश्य में
खो जाता हूँ

एक अटूट रिश्ता प्रेम भरा

आज तुम चले जा रहे हो
धरती में समा जा रहे हो
मेरे हृदय से नाता तोड़ रहे हो
मेरे शब्दों को मौन बना रहे हो

तुम्हारा और मेरा रिश्ता
एक अटूट रिश्ता था
तुम मुझे अपनों से भी उत्कृष्ट समझते थे
हम दोनों के बीच मौन शब्द चलते थे
प्रेम की परिभाषा तुम ही तो थे

सूखाग्रस्त के समय तुम ही तो मुझे
थंडे पानी से नहलाया था
सूर्य की भभकती गर्मी से
मैंने तुम्हें ठंडी साया के
आंचल में छुपाया था

हर सवेरे तुम मेरी ओर
पहली निगाह छोड़ते थे
तब तुम्हारे चेहरे पर मुस्कुराहटों के
बादल झलकते थे
मैंने तुम्हें फल-फूलों से गोद भरता था
तुम मुझ पर प्रेम भरी दृष्टि से गीत गाते थे

आज तुम मेरे पेड़ के नीचे पडे हो
गीतों के कंठ सन्नाटे में बदल गए हो
मेरे हृदय में आंसू से भरा बांध बना है
किसी दिन वह तुम्हारे याद में टूठ जाएगा

तुम मनुष्य हो
तुम्हारी आयु पूरी हुई
मैं पेड़ हूँ और कुछ
समय तक जिन्दा रहूँगा
मन चाहता है क्यों मैं न सूख जाऊं
और तुम्हारे कर्म में विलीन हो जाऊं

मुस्कुराता सवेरा

कोयल ने गीत गाया
आकाश में उड़ते पंछियों ने राग आलापा
मधुकर ने उस गीत को ले कर
मधु के छत्ते के आस-पास घूमने लगा

रंग-बिरंगी तितलियाँ उड़ने लगीं
फूलों के वनों में झूमने लगीं
तितिरों का झुंड दौड़ने लगा
वनस्पतियों के पौधों पर बैठ मुस्कुराने लगा

सवेरे के सपने में मैंने पाया हूँ प्रकृति का आनंद
तुम भी पालो प्रकृति के पावन को
सपनों में नहीं, आँखों के पलकों पर

एक मुस्कुराता सवेरा
मेरे हृदय के बगीचे में दौड़ने लगा
मैंने उस सवेरे के प्रकाश को
फूलों से नहीं प्रेम के सागर से सम्मान किया

तुम भी एक पल मुस्कुरालो
प्रकृति के आँगन में झूम उठे
वही तुम्हें मुस्कुराता सवेरा मिलेगा
फूलों से नहीं प्रेम से तुम्हें बतियाएगा

मकड़ी जाल जैसी

वह देख रहे थे
आस लगाए रखे थे
अपने भीतर ज्वाला जैसी
भूख को मिटाने की
ना दिखाई दी उन्हें किसी का षड्यंत्र
ना उन्हें वहाँ कोई अनहोनी दिखी

वह तो कूद पड़े हैं भूखे के मारे
और फंस गए हैं एक मकड़ीजाल में
बन गए हैं उस मकड़ी का आहार
यह तो थे नादान कीड़े

पर आज माल्स की जाल बिछी है
जगह-जगह पर वह आह्वान कर रही है
लुभाती है अपने जैसे ही इन्सानों को
मखमली सेजों पर सजा कर
आह्वान करती है

उपभोक्तावाद पर बनी उनकी जाल
कोई मकड़ीजाल से काम नहीं
चमकते-धमकते सपने दिखाते
लुभाओं की चादर ओढ़ाते

मकड़ी तो जाला बुनती है
अपनी रक्षा के लिए
और अपने भीतर भूख की
आग को मिटाने
पर यहाँ ऐसी जाल बुनते हैं
ना उसमें कोई भूख है और ना कोई रक्षा

जाल तो जाल है उसमें
स्वार्थ से भरी नियति है
बाजारवाद की चमक है और
लुभवनों का सागर है
यह मकड़ीजाल नहीं, उपभोक्ता जाल है
जिसके आकर्षण में फंसकर
वापस कोई लौटा नहीं

नए विचारों की रोशनी

मैंने जीते–जागते मृतक
विचारों के बीच बैठा हूँ
मैं नहीं चाहता कि, मैं भी उन्हीं की तरह
एक जीता–जागता मृतक विचारक बन बैठूँ
वे तो अंधेरी गुफाओं में बैठे स्वास लेते हैं
निर्जीव वस्तुओं में अपना वर्तमान खोजते हैं

वे क्षितिज पर खड़े प्रौढ़ावस्था में मुस्कुराते हैं
क्योंकि वे अपनी आयु से पहले ही
समय की शिला पर खड़े
डूबते सूर्य की ओर देख रहे हैं
उनके विचारों को दीमक चाट गई है
अब वे कच्चे गोलियाँ खेलने के
लायक नहीं रहे
उनका मानस युवावस्था से
प्रौढ़ावस्था में बदल गया है

मैंने उनके बीच टहरा हूं आशा रखते हुए
कि मेरे विचार उनके विचारों से अलग रहे
कभी–कभी मैं डरता हूँ उनकी ओर देख
कहीं मेरे भावनाओं में उनके मृतक विचार
घुसकर मुझ पर हावी ना बन जाए
मैं भी उन्हीं की तरह मृतक विचारक बन बैठूँ

मैंने हर पल संवेदनशील दृष्टि से देखता हूँ
उनका वर्तमान जीवन
समय की शिला पर आभास ना हो
उनके मृतक विचारों में एक नई रोशनी जन्म ले
जैसे सवेरे का सूर्य जन्म लेता है
अपने नए किरणों से सारी धरती पर
रोशनी फैलाता है
वे भी अपने मानस पर
नए विचारों की रोशनी फैलाए

तालियाँ

तालियाँ बजते हैं हर समय हर जगह
चाहे वह राजनीति का सम्मेलन हो
या किसी नेता द्वारा सम्मान हो
फिर कविता का पाठ हो

तालियाँ तो बजते ही रहेंगे
चाहे मन से हो या दिखावी के हो
तालियों की गूँज पहुँचती है उसके मन तक
जो वह उसका कारण बनता है

मैंने देखा अनेक सभा-सम्मेलनों में
बिना तालियों के वहाँ कोई रस नहीं
जो बनाए गए हैं रस्म-आचार
तालियों के बिना कोई सम्मेलन नहीं

कोई कहता है ताल ठोक कर अपना इज़हार करो
क्योंकि तुम्हारे तालियों से ही
मन में आकाश भर उम्मीदें फैलती हैं
वे उसके आनंद को सागर तक पहुँचाती हैं

झूठ और सच में भी तालियाँ बजते हैं
नेता के गालियों में भी तालियां बजते हैं
शिखर के अंबर तक चढ़ जाते हैं

वही तालियाँ मतों का आँगन भर देते हैं

तालियों में रस फूटता है
वह सभा–सम्मेलनों को जागृत करता है
तालियाँ ही तो हैं, प्रतिष्ठा को बढ़ावा देने वाले
और वही तालियाँ, जीवन को मधुर बनाते हैं

तुम्हारा मानस

जहाँ तुमने एक आज़ादी छीन ली
आज़ादी ही नहीं तुमने उसका
जीवन भी छीन लिया
वे कितनी आज़ादी से दौड़
लगाते हैं आकाश में
उनके हिलते पंखों को देखकर
प्रकृति भी पावन हो जाती है

तुम उनके आज़ाद उड़ान पर
एक जहरीला अंकुश रचा
वे तुम्हारे छोड़े हुए औज़ार से
उनका समूह कैसे तितर-बितर हुआ
तुम जानते नहीं उनके जीने के अंदाज को
तुम जानते नहीं उनके मिलन सहार को

आकाश पर एक खामोशी की उड़ान लगाते हैं
सपनों के सागर को मन में भरलेते हैं
वे कहाँ से आते हैं ? और कहां जाते हैं ?
पर आकाश में एक अद्भुत समूह बनकर दौडते हैं
न उन्हें किसी आशाओं की चिंता है
ना उन्हें किसी संपत्ति पर मोह हैं

तुम उनके पंखों को काट डाला

एक हत्यारा लेकर उनका जीवन नष्ट किया
इतना ही नहीं तुम एक मानसिक रोगी हो
जो तुम्हारा मानस कहता है
उड़ते परिंदे का मांस को भक्ष लूँ

तुम एक मांस भक्षक हो
हृदय से कठिन हो
तुम्हें इतना भी ज्ञात नहीं है कि
हर सूर्य की किरण से पहले ही
वे परिंदे आकाश पर दौड़ लगाते हैं
उनके दौड़ने से सागर में लहरें उड़ते हैं
धरती जीने की आशा रखती है

तुम उन परिंदों का जीवन नष्ट किया है
इतना ही नहीं तुम अपनी क्रूरता से
प्रकृति को भी नष्ट किया है
उन परिंदों में ही प्रकृति का सार भरा है
वह मनुष्य जाति का उत्थान बना है
वरना मनुष्य जलते हुए श्मशान
पर खड़ा रहेगा

कागज के पन्ने

अब नहीं दिखाई देंगे कागज के पन्ने
अब नहीं मिलेगा कागजी समाचार
हम नहीं बनेंगे प्रेम के पत्र
अब नहीं चलेंगे कागजी नोट

सब कुछ बदलता जा रहा है
कागज की जगह को अब
डिजिटल मशीन ले लिया है
हर चीज का भुगतान 'प्लास्टिक
कार्ड' से हो रहा है
तुम अपना पैसा जेब में नहीं
बैंक के तिजोरी में बंद रखो
फिर देखो तुम अपना भुगतान कैसे करोगे

अब तुम नहीं उतारोगे कागजों पर
स्मृति बिंबों में बैठे मन के चित्रों को
अब तुम नहीं देखोगे कागजों पर
फूलों से भरे प्रेम के संदेशों को
अब तुम देखोगे कंप्यूटर के पर्दों पर
हाथ में 'मौज' पकड़े, और
उंगलियों से बने रंगीन चित्रों को

वे आकाश पर बने इंद्रधनुष की तरह

लुभाते हैं आँखों को, फिर गुम हो जाते हैं
तुम चाहो तो देख सकते हो ऊर्जा भर भर कर
तुम चाहो तो महसूस कर सकते हो
मन से नहीं आँखों में उतार कर
फिर नकली मुस्कुराहटों के बीच
तुम जीवन का आनंद ले सकते हो
कागज के पन्नों की तरह

अपने शब्दों से

तुम आवाज़ दो अपने शब्दों से
वे शब्द मेरी अंधेरी गुफा में
प्रभात किरण छोड़ती हैं
तुम आवाज दो मधुवन से
वे मधुवन मेरे आँगन में
मधु के छत्ते छोड़ती हैं
तुम आवाज़ दो फूलों के वनों से
वे फूल मेरे हृदय पर सुगंधित
पंखुरियाँ छोड़ती हैं
तुम आवाज दो अपने भावनाओं से
वे भावनाएं मेरे भीतर प्रेम के
आलिंगन बन जाते हैं

आओ तुम देखो मेरे हृदय के भीतर
कुछ मौन शब्द पड़े हैं
उन्हीं को तुम अपने शब्दों से जगाना होगा
फिर वे शब्द तुम्हारे भावनाओं में लुप्त हो जाएंगे
एक नई प्रेम की कहानी बन जाएगी

मैंने तुम्हारे शब्दों का अक्स देखा है
वह यौवन की बेला पर खड़ा है
उस पर प्रेम की हवाएं चल रही हैं
मेरे शब्दों पर तुम्हारा अक्स

अंधेरे के उत्सव मना रहा है
इस विशाल सृष्टि में तुम्हारे शब्द
क्रिया और प्रतिक्रिया के बीच डूब रहे हैं

आज एक नई होली खेलेंगे
तुम अपने शब्दों को रंगों में डुबो दो
तब मेरे शब्द तुम्हारे रंगीन शब्दों से
सप्तरंगी रूप धारण करेंगे
फिर मयूर की तरह नाट्य करेंगे
मन की मंजूषा पर वसंत के फूल पहनाएंगे
तुम मुझे एक आवाज दो अपने शब्दों से
फिर मैं उन शब्दों की ओर निहारूँगा

जैसे अभी–अभी

जैसे अभी–अभी तुमने देखा है
मनमोहक सागर को आकाश पर मेघ के रूप में
वे मेघ काले रूप धारण कर
हवाओं के सहारे कैसे दौड़ लगाते हैं

अभी–अभी तुमने देखा है
बहती नदियों में आकाश से टपकते
बूंद–बूंद कर मोतियों जैसे वर्षा के बिंदुओं को
वे बुलबुले बन फूलों जैसा निहारते हैं

अभी–अभी तुमने देखा है
पहाड़ों की ओट में रंगीन सपनों को
वहाँ आकाश में इंद्रधनुष का अवतरण हुआ
मन को आनंद के सप्तरंगों में उभारने लगा

अभी–अभी तुमने यह भी देखा है
खुले आकाश में एक पंछियों का कलरव
कैसे पंख हिलाते झूम रहा है
उन्हें देख कर हमारा मन भी कैसे उड़ने लगता है

तुम यह नहीं देखा होगा कि
प्रभात किरणों से प्रभावित होते पौधे
उन पौधों में से मुस्कुराते हुए खिल उठते फूल

उन फूलों में से निकलती खुशबू की बहारों को

तुम धरती पर खड़े रहे पर यह नहीं देखा होगा
कि तुम्हारे पैरों तले धरती क्यों हिल जाती है
वह रुद्र-भाव में कैसे बदल जाती है
उसके भीतर खड़े पेड़-पहाड़ कैसे कट जाते हैं

तुमने मानव की लुभावना को नहीं देखा
वे कैसे लुभाते हैं पीड़ित जनों को
हर चीज को अपनाने की होड में
स्वर्ग को भी अंधेरा बनाते हैं

तुमने सुना नहीं होगा
अभी-अभी आकाश से एक आवाज आई थी
शायद वह प्रलय के रास्ते खडी होगी
क्योंकि वह धरती की आहट सुनी थी

मृगतृष्णा

तुम सत्य की शिला पर खड़े रहे
और असत्य की काली छाया अपनाते रहे
ओ मेरे अजनबी साथी
तुम कभी सत्य की कल्पना किया करो

जब प्रश्नों की बरसात तुम्हें घेरा लेती है, तो
तुम उसके बीच चिंगारियों को छोड़ते हो
क्या था उनका अपना दोष
तुम प्रश्न करने वालों को दोषी मानते हो

तुम्हारा अपना कोई सपना नहीं
तो तुम पेड़-पौधों में आग क्यों लगाते हो
हर कोई तुम्हें देखकर भयभीत होता है
उनके दृष्टि में तुम एक दोषी हो

तुम्हारी मानसिकता पर भटकते हैं अंधेरे साए
ऐसे विचारों के साथ तुम अपना जीवन
बनाए रखे हो
कभी कभी फूलों की तरह तुम्हारा मुस्कान चेहरा
आकाश पर खड़े बादलों में चमकता है

तुम अपने विचारों को
मन की गुफाओं में दबाए रखे हो

वह मन अशाँति के सागर पर खड़ा
प्रतीक्षा कर रहा है
शांति के फूल मुरझाने को हैं
तुम उन फूलों पर अपना भविष्य बनाए रखे हो

तुम्हारे भीतर 'मृगतृष्णा' के विचार खड़े हैं
वे हर समय तुम्हें जगा रहे हैं
तुम भ्रम की जाल में डूबे हुए हो
अब समय बदल गया है
तुम्हें अपनी भावनाओं में सत्य को अपनाना है
वरना तुम्हारी भावनाएं 'मृगतृष्णा' ही बनी रहेंगे

विशाल हृदय के महान व्यक्ति

अब तुम एक उम्र की चढ़ाऊ पर आ खड़े हो
आज नहीं तो कल तुम्हें इस धरती को छोड़ना ही होगा
ऐसे में तुम्हारे हृदय में कैसे-कैसे भाव उत्पन्न होते होंगे
तुम्हारे विचारों में एक भयानक तूफान खड़ा हुआ होगा
फिर भी तुम अपने लिए नहीं, अपनों के लिए विचारते हो

भविष्य को देख तुम कभी उदास नहीं होते
जब भी मैं तुमसे मिलने आता हूँ
तुम खोये-खोये रहते हो
तुम मुझे अतीत में लेजाते हो
उन अतीत के दृश्यों से मुझे नहलाते हो
तब मैं देखता हूं तुम्हारे चेहरे पर की झुर्रियों की ओर
वे ऐसे मुस्कुराते हैं जैसे कि तुम यौवन में खिल रहे हो

तुम्हारे भावी जीवन को देख मुझे डर लगता है
क्योंकि आज तुम्हारे साथ अपना कोई नहीं
तुम तो पडे हुए हो एक वृद्धा आश्रम में
फिर भी तुम अपनों के लिए उत्सुक होते हो
उन वारिसों पर प्रेम झलकते हो
यह कहां की नीति तुम अपना रहे हो ?

जब जब मैं देखता हूँ तुम्हारे आँखों में झाँक कर
मुझे लगता है तुम शून्य आकाश में

अभी भी अपनों के लिए सपने बुनते हो
आज भी तुम्हारी आँखों में एक विश्वास बना हुआ है
कल का सूर्य तुम्हारे जीवन में रोशनी भर देगा
अपनों के बीच रहकर अंतिम श्वास छोडोगे

यह कैसा मुमकिन होगा
तुम्हारे अपने ही तुम्हारा साथ छोड़ना चाहा
ऐसे में वे लोग तुम्हें कैसे अपनाएँगे
संध्या की झील पर तुम खड़े हुए हो
प्रकाश के किरणों की आस लगाए हुए हो
तुम्हारा एक एक आँसू
उन कठिन हृदयों के सामने घुल जाता है
फिर भी तुम उन बेमतलियों की आशा रखते हो
सच में तुम 'विशाल हृदय के महान व्यक्ति हो'

पत्थरों ने गीत गाया

पत्थरों ने गीत गाया है
मन में उभरते सपनों को लेकर
पत्थरों ने गीत गाया है
प्रेम से उड़ते हवाओं में लीन होकर
पत्थरों ने गीत गाया है
ओट पर बैठे ओस के बिंदुओं में

तुमने कभी सुना नहीं होगा
उनके मधुर गीतों को
तुमने कभी महसूस किया नही होगा
उनके रंगीन शब्दों को
वे शब्द फूलों में बैठ मुस्कुराते हैं
हवा में उड़ते पंछियों के पंखों में हिलते हैं

पत्थरों ने गीत गाया है
वे गीतों को तुम नहीं सुन पाओगे
क्योंकि तुम्हारा मन पत्थर बन चुका है
उस पत्थर मन में कभी फूल खिलते ही नहीं
वह तो अंधेरे में दर्पण देखना ही होगा

तुम्हारे विचारों में गंध फैली है
वह समाज के उत्थानों पर कलंक बनी है
तुम्हारे भावनाओं में विष भरा है

सागर के लहरें भी उडने से डरते हैं
आज तुम्हारा मन अंधेरी गुफाओं में बैठा
सामाजिक कर्तव्यों से मुँह मोड़ रहा है

ऐसे में तुम क्या सुनोगे उन गीतों को
जो पत्थरों से निकलते हैं शब्दों के फूल बन कर
हर फूल बन जाता है किसी के मन का सिंदूर
तुम उन फूलों के शब्दों में लीन हो जाओ
तब तुम्हें पत्थरों के गीत सुनाई देंगे

फूलों जैसी हँसी

तुम फूलों जैसी हँसी मत हँसो
क्योंकि यहाँ अनेक मन आहट हो जाते हैं
तुम अपने मन में कुछ और बाहर कुछ
पर यहाँ सभी के मन समस्याओं में उलझे हैं

हर छोटी-बडी हँसी के पीछे
छल-कपट ना रहा तो
वह हँसी अमृत-कलश बन जाती है
मन के भीतर ओस के बिंदु बन
मुस्कुराहटों में झलकती है

अगर ऐसा ना हो कर
तुम्हारे विचारों में विष की हवा फैली है, तो
अनेक हृदय संवेदनशील बन जाते हैं
उनके भावनाओं में अग्नि-कण उत्पन्न होते हैं

कहीं ऐसा ना हो कि, आहट मन
आग के लपेटों में आकर भड़क ना जाए
वह भड़कती ज्वाला एक तूफान बनकर
सारा का सारा जग को जला न डाले

तुम अपनी हँसी में से
छल-कपट से भरा विष को हटा दो

वरना वही विष तुम्हारी भावनाओं को
अंधेरे में खड़ा कर तुम्हें अंधा बना देगा

तुम्हारे शब्दों में कभी फूल खिलते हैं
तो कभी माया-मर्म बनकर उभरते हैं
यही शब्द मनुष्य से मनुष्य को
प्रेम के बंधनों में बांधते हैं

तुम ऐसा हँसों कि, तुम्हारी हँसी को देख
फूल भी मुस्कुराहटों में बदल जाए
आकाश में दीप जलने लगे
वे धरती पर प्रकाशमय हो परोसने लगे

विचारों की दुर्बलता

तुम युग-युग से पीड़ित हो
अंधेरी गुफा में बैठकर
प्रश्न करने से कुछ नहीं पाओगे

उस आकाश के नीचे आकर
तुम्हें लाल किरणों की रोशनी को पाना होगा
वही रोशनी तुम्हारे जीवन में
अग्नि बनकर भड़क जाएगी
तब तुम्हारे प्रश्नों में चिंगारियाँ फूट पडेंगे

तुम प्रश्नों की परम्परा को आगे बढ़ाते रहो
वही तुम्हें समाधान के रास्ते खोल देंगे
हर रास्ता तुम्हें ले जाएगा रोशनी की ओर
वही रोशनी भूख के अंधेरे को मिटा देती है

तुम संघर्ष करना न छोडो
क्योंकि संघर्ष ही तुम्हारे घर में दीप जलाता है
आँखों पर बांधे हुए पट्टी को खोल दो
वरना तुम्हें वही पट्टी
अंधेरे रास्तों पर ले चलती है

तुम गुमराह मत हो
यहाँ कुछ शब्द आदमी के विचारों को

गुमराह कर अंधेरे में रखते हैं
तुम अपने पुरखों को याद करो
वे अपने जीवन में कितने संघर्ष झेले थे
उन पर कैसे अमानवीय व्यवहार हुआ था

आज तुम झेल रहे हो अमानवीयता को
वह कोई पुरखों का अभिशाप नहीं
समय की क्रूरता है
तुम्हारे विचारों की दुर्बलता है

प्रेम के उत्सव

प्रेम के उत्सव में मैं खड़ी हूँ
अनेक आशाएँ जाग रही हैं
मन में फूल खिल रहे हैं
संध्या के झील मुस्कुरा रहे हैं
अब तुम्हारा आना अवश्य बन गया है

फूल खिलते-खिलते मुरझा रहे हैं
नदी के बहाऊ थम रहे हैं
आषाढ़ के बादल घेर रहे हैं
तुम्हारा न होना सन्नाटा बन गया है

भंवर के सागर पर खड़ी मैं
तुम्हें ही पुकार रही हूँ
मेरे शब्द फूल बनकर महकने लगे हैं
तुम उन महकती सुगंध को अपना लो

यहाँ एक परिवर्तन की आवश्यकता है
तुम्हारे बिना वह संभव नहीं है
अम्बर की चादर डाल कर खड़ी हूँ
तुम उस चादर पर से चले आना

मेरे प्रेम के फूल खिले हैं
तुम न होने से मुरझा रहे हैं

इन मुरझाए हुए फूलों पर
तुम ओस के बिंदु बनकर बरसना

तुम्हारे प्रेम की धारा अविरल है
वह हिम बनकर बरसती थी
आज उन्ही यादों में जल रही हूँ
तुम ठंडी-ठंडी पवन बनकर आ जाना

मेरे मुस्कुराते हृदय में
तुम्हारा अक्स छिपा है
वह मुझे अकेले में ललकार रहा है
उसके बाँहों में मैं बंदी हूँ

तुम्हारे आने से चाँदनी मुस्कुराएगी
प्रेम की नदियाँ बहने लगेंगे
समय की झील पर खड़े होकर
हम दोनों प्रेम के उत्सव मनाएँगे

कांक्रीट का शहर

कांक्रीट के शहर में
शब्दों की गहराईयों में
धूमिल होती हवाओं में
तुम क्या विचारोगे कवि-वर

यहाँ हर रात दिन की संभावना में
सृजन कर धधकती है
क्योंकि दिन की शोर-शराब
मन के सिकडों को उजाडता है

यह शहर हैं इसमें
रात-दिन एक ही जैसी होती है
तुम अपने विचारों को
हृदय की गहराइयों में छुपा रखो
क्योंकि यहाँ गुम होने के आसार बने हैं

एक जलता हुआ मशाल
तुम्हारे हृदय के भीतर उग रहा होगा
तुम अपना कर्तव्य निभाने की
प्रतिज्ञा की होगी

उस प्रतिज्ञा का पालन करना
तुम्हारा ध्येय बना हुआ होगा

पर यहाँ बाज़ार खुले हैं
तुम्हारे विचारों के विपरीत
हर इंसान अपनी-अपनी
मन की चादर ओढ़े हुए बैठे हैं

हो सकता तुम इस कांक्रीट शहर को
अपने विचारों से भर दोगे
वह विचार उनके अंतर मन से जुडी हो
पर ऐसा नहीं होगा कवि-वर

यह शहर कंक्रीट से बना है
इसमें बहते हृदय भी कंक्रीट के हो गए हैं
उन कंक्रीट हृदयों में तुम अपने विचार
गढ़ नहीं सकते
यहाँ हर कोई बाज़ार के महोत्सव में डूबा है

आज़ाद मानव

गहरे बादलों में किसी ने आग फूंकी
सारे के सारे बादल बिखर गए
आकाश सफेद चादर ओढ़
धरती की ओर आँसू टपकाए देख रहा है
उसके बूंदों में एक कसक था
बिखर गए हैं उसके आशाओं के फूल

कुछ ना कहो!
यहाँ हर कोई अपनी भावनाओं को
मन के भीतर गरम बना रखा है
किसी दिन फट जाएगा मन
तो भावनाओं के लाशें बिछ जाएँगी
मन के सपने भीतरी भावनाओं में बंद पड़े हैं
वे चलते समय बिखर गए हैं

किसी ने उनकी आज़ादी के रास्तों पर
रोढ़े अटकाए रखे हैं
अपनी भाषणों से शीतल बना रखे हैं
वे कोई शिला से बने मूर्ति नहीं
जहाँ खड़ा करो वहीं रुक जाते हैं
वे तो चलते-फिरते स्वास भरते हैं
रक्त-मांस पर ठहरे उनके शरीर
क्या आज़ादी नहीं चाहते?

उनके हृदय में भी अनेक आशाएँ भरे हुए हैं
वह क्षितिज पर खड़े देख रहे हैं
कौन हैं उनकी आज़ादी छीन लेने वाले ?
वे भी तो हृदय में सांसे भरते हैं
एक ही दिन में सूरज का अंत नहीं होगा
कल का सवेरा भी उसी से होता है
तो क्यों उनकी आज़ादी छीन लेते हो ?

यहाँ हर कोई आज़ाद हैं
जैसे सूरज-चाँद और सितारे
तो धरती पर खड़ा मानव
क्यों नहीं रहेगा आज़ाद

जन–तूफान

करोड़ों रुपयों का घोटाला कर
तुम क्या अपनी नैतिकता का सबूत देते हो
चंदन लकड़ियों से आग लगाकर
क्या तुम उस पर अपनी चादर बिछाओगे
यह कैसी विडंबना है
इस देश की भावनाओं को तुम जैसे लोग
अपनी तिजोरी में बंद रखा है

मौत का बाजार देख
पत्थर भी पिघल अपने आँसू टपकाता है
पर, तुम जैसे स्वार्थी–बुद्धि लोग
अपनी स्वार्थ की चिंता में डूब कर
इतिहास के पन्नों पर प्रतीकात्मक भाव व्यक्त करते हैं
क्योंकि कल का सूर्य तुम्हें बेईमान ना कहे

आज जीते हैं लोग कल की आशा रखते हुए
कल उनके जीवन में
सूर्य की रोशनी भर जाएगी
उनका जीवन प्रकाश मय हो जाएगा
पर, सदियाँ गुजर गए हैं
इनके प्रलोभ में कोई कांति नहीं पाई

इस धरती के शोर–शराबों को लूट कर

तुम अपनी बिरादरी बनाए हो
तुम लोग सिर्फ मुट्ठी भर ही हो सकते हैं
लेकिन इस धरती पर सूर्य के अनेक किरण
तुम्हारी संपत्ति पर प्रश्न कर रहे हैं

आज नहीं तो कल तुम अकेले हो जाओगे
अपने शरीर से, अपनी संपत्ति से
क्योंकि एक बड़ा जन-तूफान आने वाला है
वह तूफान समय के पहिए से चल रहा है
आहिस्ता-आहिस्ता तुम्हें ले लेगा अपनी चपेट में
फिर तुम उस क्रांति जन तूफान में
एक सन्नाटा बनकर रह जाओगे

जलता जीवन

तुम रक्तिम आँखों की दृष्टि से देखते हुए
कितनी दूर सफर करोगे
वह सफर तुम्हारे लिए अर्थहीन ही रहेगा
शब्दों की आहट पर खड़े होकर
तुम कैसी परिभाषा उपयोग करोगे
वह तुम्हारे जीवन की मधुरता को छू लेगा

अगर तुम चाहते हो कि फूलों को कुचलना है
तो तुम्हें आहट का रास्ता ही मिलेगा
इसमें कोई दोहरी बात नहीं
तुम शून्य आकाश की ओर देखकर
अपने गुनाहों को धोलेना चाहते हो तो
तुम्हें प्रमाण कर जीवन चलना होगा

तुम पानी के सामने खड़े होकर
अपना अक्स को नहीं पहचानते हो
तो तुम मानसिक्ता का शिकार हो गए हो
तुम अपने भावनाओं को
जलते मशाल की तरह बनाए रखे हो
तो वे भावनाएँ ही तुम्हें
आंदोलनों के रास्तों पर ले चलेंगे

क्या थे तुम्हारे भावनाएँ

जो तुम्हारे जीवन को हर पल जला रहे हैं
उस जलते जीवन में तुम एक दृश्य ही बने हो
क्योंकि यह जीवन जब तक
तुम्हें मानवतावाद का रास्ता दिखाएगा
तब तुम्हारा वह जीवन फूलों की तरह बहेगा

खोजो तुम्हारे जीवन की परिभाषा को
विचारो अपनी मन की दहकती भावनाओं को
कब तुम फूल बन मुस्कुराए थे
और कब तुम आग से खेलने लगे हो
वही तुम्हें समाधान मिल जाएगा
तुम्हारा जलता जीवन शाँति का
रास्ता अपनाएगा

फूलों की हँसी

फूल हँसते हैं खिल-खिला कर
पर तुम्हें दिखाई नहीं देंगे
क्योंकि उनकी भाषा मौन भाषा है
वे मुस्कुराते भी हैं, खिल-खिलाते भी हैं
कभी-कभी अपनी भावनाओं में घिर कर
ओस बिंदुओं में आँसू बहाते हैं

वे फूल हैं, हृदय के बगीचे हैं
हर हृदय उन्हें चाहता है
मन के आगोश में उसकी सुंदरता को
छिपा कर मुस्कुराता है
तुम एक बार उन मुस्कुराहटों के बीच
ऐसे खड़े हो जाओ जैसे तुम भी एक फूल हो

हर आने-जाने वाले उन फूलों को देख
अपने भीतरी भावनाओं में मुस्कुराहटें भर देते हैं
क्योंकि वे फूल ही ऐसे हैं
जैसे उनके मुस्कुराहटें मधुर रंगों में घुल मिलकर
आँखों के पर्दों पर मधुरता के सपनें बन जाते हैं

उनकी हँसी कहीं दिखती नहीं
अगर देखना ही है तो मन के ऊपर से
परदे हटाकर देखना होगा

जब तुम भी हँसोगे उनके
मुस्कुराहटों के भीतर खड़े होकर
तब वह सपना नहीं होगा
एक सुन्दर जीवन होगा

हर जीवन के भीतर एक आनंद का सागर
बैठा है उन्मुक्त होकर
उस आनंद को अपनी भावनाओं से जोड़ने से
हँसी का मंजर बन जाता है
उसी तरह फूलों में भी आनंद के भावनाएँ मुस्कुराते हैं
और वह फूलों की हँसी बन जाते हैं

शेष जीवन

किसी ने मुझ से प्रश्न किया
अब क्या करोगे शेष जीवन में ?
कल तक तुम्हारा ही अधिकार चलता था
फूलों की तरह खिल उठते थे
आकाश की तरह ऊँचे सपने देखते थे
रात भी तुम्हारी थी और दिन भी तुम्हारा था
विरासत का सागर खड़ा था
अनुशासन की लाठी भी थी
अब तुम सेवानिवृत्त हो गए हो

मैंने कहा, अनुशासन की लाठी ही नहीं
पूरा अनुशासन ही हाथ में रहेगा
क्योंकि राजनीति के दरवाजे खुले हैं
उन दरवाजों के भीतर
अनुशासन की लाठी मुस्कुराती स्वागत कर रही है
उसे हासिल करने में कोई रोक-ठोक नहीं
बल्कि कुछ सहारे की जरूरत पड़ती है
वह झूठ-फरेब-धोखा और पैसा
इन चीजों से पहुँच सकते हैं
अनुशासन की लाठी तक

तुम भी मेरे साथ चले आओ
जहाँ प्रवेश होना आसान है

उसमें न आयु की रोक है, न जाति–धर्म की
बल्कि तुम अपनी ईमानदारी को
काली गुफाओं में बंद करना होगा
और अपनाना होगा हर समय झूठ को
तुम फरेब की चादर ओढ़ कर
धोखे से अपनी राजनीति को चलाना होगा
अगर तुम यह सब कुछ कर सकते हो
तो तुम्हारा शेष जीवन समय का पारा जीतेगा

मेरे कुछ यादें

मेरे कुछ यादें ठहरे हैं
तुम्हारे मौन शब्दों में
जब तुम्हारा मौन टूटेगा
तब शब्दों की लहर बन जाएगी
उन लहरों में मैं खो जाऊँगा
वहाँ मेरे यादें मिल जाएँगी

उन यादों में जब मैं तुम्हें खोजूंगा
हर पल मेरा ही रहेगा
उन फूलों के बहारों में
आकाश के साए में
हम दोनों एक साथ ओस के बिंदुओं में भीगते
संगीत के आनंद में डूबे हुए थे

तुम्हारे नेत्रों में बनी प्रेम की ज्वाला
मेरे मस्तिष्क पर चढ़ जाती थी
मेरी भीतरी भावनाओं में उत्साह के फूल
प्रेम की ज्वाला बनकर खिल उठते थे
हमारे शब्द मौन बनकर
आलिंगनों के मधुरता में खो जाते थे

तुम उन आलिंगनों के मधुर प्रेम में डूब कर
आकाश में पंख लगाए उडती थी

जहाँ सागर से निकले लहरें बादल बनकर
तुम पर फूलों की वर्षा करते थे
मैं तुम्हें देखकर तस्वीर बनाता था
और उसको मेरे हृदय में छुपाया रखा था

मेरे कुछ यादें आज भी
तुम्हारे मौन मुद्राओं में ठहरे हैं
वे ललकार रहे हैं मुझे
मेरे मस्तिष्क के भीतर प्रेम के तरंगे बन कर
आज मैं उन्हें पाने के लिए
प्रतीक्षा के सागर पर तुम्हारे यादें लिया खड़ा हूँ

सक्रिय

यहाँ हर कोई सक्रिय रहते हुए भी
नादान बने हुए बैठे हैं
क्योंकि यहाँ और कोई सक्रिय हो रहा है
हम सब उन पर निर्भर हो गए हैं

मौन होना आदत सी बनी है
मन की आँखें बंद पडी हैं
हमारे विचारों में झूठे सपने घुल मिले हैं
इसलिए तो हम शिलाओं की तरह मौन बने हैं

वे जासूसी आँखों से देखते हैं
कहीं हमारे विचार उनके विचारों से भगावत ना करें
वे डरते हैं हमारे विचार–धाराओं से
कहीं हम सक्रिय ना हो जाए

राजनीतिक चेहरे अनेकानेक होते हैं
पर उनके मुद्दे एक ही होते हैं
सत्ता चाहे किसी की भी हो
वे वही विचार थोपते हैं जो उनके होते हैं

शासन चलाते हैं संविधान की आड़ में
फिर थोपते हैं अपने चुने हुए मुद्दों को
इसके परिणाम छोड़ते हैं जनता पर

अब जनता उन मुद्दों को लेकर बहस में डूबती है

समाज अनेकानेक भावनाओं से चलती है
किसी को सत्ता की नीतियों में काला लगता है
वे सक्रिय हो आंदोलनों में उतरते हैं
तब सत्ता सक्रिय हो उन आंदोलनों को दबोचती है

मेरी अंजूरी में

मेरी अंजूरी में उठाता हूँ
माथे पर लिखे हुए लकीरों को
सपनों में ठहरे हुए विचारों को
संवेदना में डूबे हुए अक्षरों को

मेरे जीवन के भीतर
उत्पीड़न की भाषा को देखा है
समय चलते कभी मैं अनजान नहीं रहा
उसके आगोश में विचारों को लेकर खड़ा हूँ

कभी-कभी मुस्कुराते फूल
मेरी अंजूरी में भर जाते हैं
उन फूलों पर ओस के बिंदुओं की
चमक को देखता हूँ
मेरे हृदय में एक नई आशा जाग उठती है
तब मैं भविष्य पर आत्मनिर्भर हो जाता हूँ

मेरे सपने उस अंजूरी में से
झांककर देखते हैं
मैं उन्हें ज्ञान के दरवाजे खोलता हूँ
तब उत्कृष्ट समाज की रचना होती है

मेरी अंजूरी में क्रांति के लकीरों को देख

उसमें शब्दों की पूँजी को भर देता हूँ
फिर मैं उन शब्दों को मुस्कुराते देखता हूँ
वे मुक्ति के मार्ग को खोजते हैं

आकाश पर गरजते मेघ
मेरी अंजूरी में बिजली को छोड़ते हैं
मैं उस बिजली के तरंगों से
शब्दों को उत्तेजित करता हूँ

लेकिन आज मेरी अंजूरी में
विषादों के गीत ठहरे हैं
मैं उन्हें मरहम-पट्टी करने के लिए
आशा के दीप जलाता हूँ

तब मेरी अंजूरी में
एक नई रोशनी को पाता हूँ
उस रोशनी में समाज के चेहरे को
मुस्कुराते देखता हूँ

आशीर्वाद

'जुग-जुग जियो बेटा!'
यह माँ का आशीर्वाद था
माँ आशीर्वाद देती है
पुत्र की आयु बढ़ने को
पिता का आशीर्वाद होता है
पुत्र की रोज़ी-रोटी पर
वहीं गुरु जी का आशीर्वाद
ज्ञान की उन्नति के लिए
यह तो बरसों पुरानी परम्परा है
इसमें ना कोई दो राय है

आज के आधुनिक काल में
कौन सा पुत्र ऐसा है
जो माता-पिता का आशीर्वाद लेना चाहता है?
नव समाज के आकर्षण में डूबा हुआ
ऐसा कौन सा शिष्य है
जो अपने गुरु का आशीर्वाद लेना चाहता है?

इस आधुनिक समाज में
हर कोई व्यक्तिगत लाभ की ओर दौड़ने लगा
वैश्वीकरण में आज हर कोई
अपना समय का मूल्य खोजने लगा
आज हर कोई पैसे के पीछे इतना दौड़ रहा है

वह रातों-रात धनवान बन जाए
इसके लिए सामाजिक मूल्यों को
तोड़ने में भी वह झिझकता नहीं

आज वह ज़माना नहीं रहा
उस समय सामाजिक मूल्यों को ही
पहला दर्जा देते थे
माता-पिता के चरणों की धूल को पहचानते थे
गुरु के बोध से वे उत्तम पुरुष बनकर
सामाजिक मूल्यों को उत्कृष्ट रूप देते थे
गुरु जी के 'आशीर्वाद' को लेकर
अपना जीवन धन्य मानते थे

अपराधी

खून से लिखें जाते हैं
इतिहास के पन्नों पर
फाँसियों की कहानियाँ
सफेद कपड़ों में ढपे जाते हैं
शरीर उनके लाश बनकर
बेबाक होकर उड़ जाते हैं कबूतर
उनके आत्माओं से मिलने

तुम उन आत्माओं पर एक किताब लिखो
जहाँ वे खड़े होते हैं फाँसी के तख्तों पर
किन गरिमाओं से वे चले थे
उनके कैसे अपराध थे
नाता उनका खून से भरा था
अब वे भी अपने खून को
समाधियों में ढपा लिए हैं

हर मानव माँ की अँचल से
धरती पर पैर रखता है
जीवन में हर संघर्ष का सामना करता है
फिर वही धरती के आँचल में समा जाता है
उसका बना-बनाया हुआ अस्तित्व
निशुल्क मूल्य बनकर मिट जाता है

कौन है वह अपराधी ?
भावनाओं में डूबा हुआ
अपने सपनों को भयानक तूफान में छोड़कर
जीवन के अंधेरे रास्तों को अपनाया हुआ
क्या उसके आँखों में जीने की लालसा नहीं थी ?
क्या उसके भावनाओं में कहीं नफरत का
तूफान घिरा हुआ था ?

आज उसके अपराधी जीवन पर
अनेक प्रश्न उठ खड़े होते हैं
तुम उन प्रश्नों की गठरी को खोलो
जहाँ उसका जीवन एक दर्पण में दर्शाएगा
क्या वह अपराधी भावनाओं से भरा था ?
या सामाजिक उत्पीड़न था ?

हिंदी तेरे प्यार में

मैंने देखा है तेरी भाषा को
फिर कब तुझसे प्रेम हुआ पता ही नहीं चला
तेरे अक्षरों की ओर मैंने बढ़ते गया
तब तेरे प्यार में डूबते गया

तेरे मोतियों जैसे अक्षरों को
माला बना कर गले में डालना चाहा
लेकिन तू बहुत दूर खड़ी है
मैंने तुझ को पाने की होड़ में दौड़ने लगा

तेरे उस दूर प्रान्त से मेरे प्रान्त तक
एक लम्बी कहानी खड़ी है
यहाँ कदम-कदम पर कुछ अडचने खड़े हैं
तेरी छाया तो मुझे छू रही थी

मैंने अनेक रास्तों से चल रहा था
तुझे पाने के लिए
हर रास्ता कंटीला बन खड़ा हुआ था
मैंने उन कंटीले रास्तों को फूलों में बदलने लगा

मैंने तेरे समीप पहुँचते-पहुँचते यह देखा
तू आदर से निरादर होने लगी
तेरी छाया से लोग हटने लगे

नई नवेली की छाया की ओर आकर्षित होने लगे

जमाना बदल गया है
आज दुनिया नई-नई खोज में डूबी है
अंग्रेजी भाषा को अपनाने लगी है
उसी से प्रगति पा रही है

यह देख तू मायूसी बन गई
तेरे शब्द चलने से धड़कने लगे
तूविचलित होने लगी
तेरे कदम खाली मैदान में खड़े रहे

अब तू उतनी मायूस ना हो
क्योंकि यह धरती गोल है
फिर तेरे ही ओर लोग आकर्षित हो रहे हैं
तेरे शब्दों की मिठास को चाहने लगे हैं

तेरी भाषा में प्रगति के आसार दीख रहे हैं
तू अब गर्व से कह सकती हो
'देखो मैं हिंदी हूँ'
तुम्हारे प्रगति की सोपान हूँ

मौत एक प्रश्न

कट गए हैं दो देह
एक ही रेल पटरी पर
जीवन की अंतिम श्वास
छूट गई है रेल पटरी पर
वे मिट गए हैं सामाजिक पन्नों पर से
समझ चुकी है दुनिया
कुछ तो भार उतरा है धरती का

प्रश्नों की परम्परा उछलने लगी
वे कहाँ उलझे थे, जीवन को भार समझे थे
प्रेम में पराजय थे ? या
सामाजिक समस्याओं से घिरे हुए थे ?

कौन जाने इनके भीतरी भावनाओं को
कौन जाने इनकी आत्महत्या के कारणों को
यह तो दुनिया एक रेलगाड़ी है
समय को पैसों से तोलती है

यहाँ हर एक का जीवन अपना-अपना है
कसौटी पर खड़ी दुनिया देख रही है
कौन किसी को जाने, यह मतलब की दुनिया है
प्रेम भी पैसों के तराजू पर खड़ा है

मरने वाले तो हर दिन मरते ही हैं
जिन्दे लोग भी यहाँ घुट-घुट कर मरते हैं
कौन किस का भला सोचता है
सरकार भी अपना ही सोचती है

यह विशाल धरती भी हर दिन देखती है
उसके आँचल पर कितने जन्म लेते हैं
और कितने मृत्युदर पहुँचते हैं
किसी की मौत से उसे क्या लेना-देना
हर मौत एक प्रश्न बनकर रह जाती है

शिनाखत

आज उसकी शिनाख्त हुई
एक सप्ताह बाद सवेरे-सवेरे
वह लापता था इतने दिनों तक
उस पर ही हमारी नज़र टिकी हुई थी
जगह-जगह पर हर जगह पर
हम ने कहाँ-कहाँ नहीं खोजा था

वह मेरा पड़ोसी मित्र था
उसके भी बाल-बच्चे थे
वे पढ़ाई में बहुत चतुर थे
पत्नी बहुत सुंदर थी
वह मुझको भैया कहकर पुकारती थी
मैंने उसको वह दर्जा दिया था

एक दिन आधी रात वह मेरे घर आई
दरवाजा टक-टकाया
मैंने दरवाजा खोला
फिर मैं क्या देखता हूँ?
उसके आँखों से टपकते आँसू
पूनम के चाँद जैसा चेहरे पर
विषाद की छाया चढ़ी हुई थी

मैंने कारन पूछा

तो वह कहने लगी,
''भैया! रवि ऑफिस से नहीं लौटे
उनका मोबाइल बंद है''
वह घबराने लगी थी तो
मैंने सांत्वना देते हुए कहा,
''घबराने की कोई बात नहीं
मैं तो ठहरा हूँ पड़ोसी भाई तुम्हारा
अवश्य मैंने खोजूँगा तुम्हारे पति का पता''

मेरे आश्वासन से उसके हृदय में
एक आशा जाग उठी
उसके आशाओं को जाग उठाना
मैंने अपना धर्म समझा

उसी समय से मैंने रवि के लिए
खोजना आरंभ किया हर जगह पर
हर दिन खोजते रहा
आज उसकी शिनाख्त हुई एक अस्पताल में
वह कोमा में था 'सात' दिन पूछने पर डॉक्टर ने बताया
एक गाड़ी की टक्कर से उसके 'ब्रेन' को घाव हुआ
चिंता की कोई बात नहीं
अब वह ठीक हो रहा है

मैंने तुरंत उसकी पत्नी को यह मीठी बात बताई
वह दौड़-दौड़ का अस्पताल आई
पति के समीप जाकर घुट-घुट कर रोने लगी
''मुझे क्षमा करो, आगे कभी तुमसे लड़ूँगी नहीं''

मेरी एक यात्रा

मैंने एक यात्रा तय किया
जहाँ मुझे बहुत दूर जाना है
जीवन में अनेक यात्राएं कर चुका हूँ
आज भी और एक यात्रा करने जा रहा हूँ

ज़माने बदल गए हैं
हवाएँ मेरी यात्रा के विपरीत चल रही हैं
इन हवाओं का रंग बदल गया है
क्योंकि इन हवाओं में
धर्म की मिलावट हुई है

आज मैं देख रहा हूँ समाज के चेहरे को
मुस्कानों की जगह पर, स्वार्थ चिंताएँ घेर लिए हैं
वे अपने ही रिश्तों के बीच
छल-कपट के दीवारें बन गए हैं

मैंने इस समाज के आगोश में रहकर
अनेक भावनाओं को परखा है
तब भावनाओं में प्रेम खिलता था
आज उन्हीं भावनाओं में विष फैला है

हृदयों के भीतर से फूलों की सुगंध आती थी
आज वही फूलों में छल की 'बू' आने लगी

जीवन के हर मोड़ पर चौराहे मिलते थे
आज वही चौराहे अपना रास्ता बदल दिए हैं

आज मेरी यात्रा खडी देख रही है
कौन सा रास्ता अपनाएँ, जहाँ
एक रास्ते पर छल–कपट है, तो
और एक रास्ते पर विष से भरी दीवार है
इन दोनों के बीच मुस्कान का रास्ता गुम है

सीढ़ियों पर से चलते–चलते

सीढ़ियों पर से चलते–चलते
मेरा जीवन इतनी दूर पहुँच चुका
शायद आकाश को भी छू लेता
अगर सीढ़ियाँ आकाश तक रह जातीं

मेरे जीवन का हर पड़ाव
इसी सीढ़ियों से गुजरने लगा
वे सीढ़ियाँ हर दिन मुझसे बतियाते
उनमें आज भी वही आकर्षण रहा

पहली बार जब मैं सीढ़ियों का निर्माण किया था
तब मेरे भीतरी भावनाएँ गर्मा गए थे
मन फूलों की तरह खिल उठा था
तन बादलों की तरह बरसता था

आज मैं सीढ़ियों पर से चल रहा हूँ
वहीं मेरे बच्चे, मेरी पत्नी चल रही हैं
कल भी मेरे नाते–पोते चलेंगे
क्या यह संभव है?

जमाने, समय के साथ बदलते रहते हैं
कहीं, कल आने वाली पीढ़ी
मेरे घर के सीढ़ियों को काट कर

वे नए सिरे से निर्माण करें

मैं डरता हूं कि, मेरे सीढ़ियाँ
मेरे बाद वे भी अंतिम यात्रा तय न करें
उनकी स्वायत्तता को आघात न पहुँचे
यही मेरी आकांक्षा रही

भाषा से प्रेम

तुम उत्कृष्ट आनंद पाना चाहते हो
तो भाषा से प्रेम करो
क्योंकि भाषा ही तो है एक अस्त्र
वह तुम्हें आनंद के सागर पर खड़ा करता है

तुम भाषा के भीतर
एक बार झाँक कर तो देखो
वहाँ अनेक बोलियाँ मिलती हैं
जैसे कि धरती पर
अनेक फूलों के बगीचे होते हैं

तुम्हें कौन–सी भाषा चाहिए
शब्दों की भाषा ? या मौन भाषा ?
वे दोनों भाषाएं भी चलती हैं धरती पर
उनके भीतर प्रेम की बरसात होती है

मौन की भाषा इशारों से चलती है
पलकों पर खड़ी होते है
उंगलियों से हिलती है
सन्नाटे में मुस्कुराती है

शब्दों की भाषा सन्नाटे का चीर हरण कर
हवाओं में तैरने लगती है

यह भाषा अनेक बोलियों में होती है
हर बोली अपने इतिहास पर खड़ी होती है

तुम कौन सी भाषा अपनाओगे
प्रेम की भाषा या अग्नि की
अग्नि भाषा में मन आहट होते हैं
प्रेम की भाषा में भावनाएँ अंकुर बन फूटते हैं
सागर में लहरें बन कर उडते हैं

मेरा मौन

मेरे मौन से तेरे जीवन का रास्ता
नदी के दो पटों में बदल गया
फिर वह मिलन के रास्ते की खोज में
कितनी दूर चला गया
राहें देख आकाश भी पुराना हो गया
समय के चलते जीवन अंधेरा हो गया

विदाई के आँसू हृदय के भीतर
बांध में बन्दी होकर मचलने लगे
एक दिन वह बांध टूट जाएगा
और सैलाब बन कर निकलेगा
बिछड़े हुए रास्तों को ढूँढ़ निकालेगा
उन रास्तों पर प्रेम के दीप जलाएगा

तेरी पलकों की भाषा पर
मेरा प्रेम ठहरा हुआ था
तेरे भीतर मेरे प्रेम के फूल बसे हुए थे
लेकिन हृदय अंजान था
प्रतीक्षा की दीवारें टूठने को सशक्त थे

मैंने देखा था तेरे मुस्कुराते चेहरे को
वह हर दिन फूलों को बरसाता था
और मेरे हृदय के भीतर महक ले आता था

मैं उसमें तल्लीन हो जाता था
मेरे कंठ से कुछ शब्द निकलते थे
वह तेरे हृदय में प्रेम के संगीत बन जाते थे

यह मौन मुद्राएं अब खुल गयी हैं
विचारों के सागर पर खड़ी हुयी हैं
प्रतीक्षा के काँटे बनकर चुभ रही हैं
जीवन का अर्थ भयंकर हो गया है
साक्षी रह गई हैं धरती और आकाश
अब सागर मुस्कुराने लगा
क्योंकि मेरा मौन तेरे जीवन का
रास्ता ही बदल दिया

❑❑❑